MINECRAFT

마인크래프트
놀라운 발명품 만들기

First published in Great Britain 2022 by Farshore,
An imprint of HarperCollinsPublishers
1 London Bridge Street, London SE1 9GF
www.farshore.co.uk

HarperCollinsPublishers
1st Floor, Watermarque Building, Ringsend Road
Dublin 4, Ireland

Written by Tom McBrien
Illustrated by Swampbaron

This book is an original creation by Farshore

©2022 Mojang AB. All Rights Reserved. Minecraft, the Minecraft logo, the Mojang Studios logo
and the Creeper logo are trademarks of the Microsoft group of companies.

Korean language translation ©2023 by Youngjin.com Inc.
This edition is published by arrangement with Egmont UK Limited, through Kids Mind Agency, Korea

이 책의 한국어판 저작권은 키즈마인드 에이전시를 통해
HarperCollinsPublishers Ltd와 독점 계약한 ㈜영진닷컴에 있습니다.
신 저작권법에 의해 한국 내에서 보호를 받는 저작물이므로 무단 전재와 복제를 금합니다.

1판 1쇄 2023년 4월 15일

ISBN 978-89-314-6770-3

발행인 김길수

발행처 (주)영진닷컴

주 소 서울특별시 금천구 가산디지털1로 128 STX-V타워 4층 401호

등 록 2007. 4. 27. 제16-4189호

저자 Mojang AB | 역자 이주안 | 진행 김태경 | 편집 김효정

MINECRAFT
놀라운 발명품 만들기

건축으로 상상력을 키워 보세요

목차

인사말	10
레드스톤의 기초	12
동물 보호 구역	14
몬스터 공장	20
아기자기한 수로	26
초자연적인 공장	32
걸어다니는 거미 주점	38
경이로운 사원	44
패스파인더	50
장난감 세상	58
해골 산	64
다이아몬드 미로	72
공중 마을	80
서바이벌 아레나	86
마치며	92

록시 로켓, 엔지니어
안녕하세요! 안녕하세요? 여기예요! 오늘 직접 만나 뵙지는 못해서 아쉽네요. 저는 지금 여러분이 있는 곳에서 수천 블록 떨어져 있는 심우주에 있어요. 제가 지은 은하간 우주 정거장인 패스파인더에서 다시 만나요.

페르 플렉스, 게임 행사 진행자
저는 페르세포네라고 해요. 그냥 페르라고 불러 주셔도 돼요. 당신은 자신이 운 좋은 사람이라고 생각하나요? 저는 우리 왕국에 하나뿐인 게임 행사를 만들었어요. 자신의 운을 시험해 보고 싶다면 제 게임을 찾아 주세요. 제 게임은 결코 쉽지 않을 거예요!

하늘의 공주, 귀여움 전문가
세계 최고의 수로가 있는 귀여움 천국에 어서 오세요! 꼬마 고양이, 날아다니는 돼지, 조그마한 병아리를 비롯해 세상에서 제일 귀여운 동물들도 있어요. 마법이 깃든 듯한 수로에서 경주를 하고 싶다면 저를 찾아오세요.

글래디스 에이터, 게임 전문가
챔피언을 찾고 있습니다. 제 건축물에 들어올 수 있는 사람은 왕국에서 가장 뛰어나고 강력하고 민첩한 플레이어뿐입니다. 만약 그 플레이어가 당신이라면 아레나로 와서 왕국의 사람들에게 실력을 보여 주세요.

덴 포탈워커, 차원간 과학자
잠이요? 잠이라니! 도대체 잠이 왜 필요하죠?! 저는 네더에서 자랐어요. 동료 건축가들이 포근한 침대에서 수면하는 동안 저는 잠을 잔 적이 한 번도 없죠! 덕분에 제 주요 관심사인 과학에 대하여 끊임없이 탐구할 수 있었죠. 저는 과학 연구에 쓸 발명품을 만들었어요.

볼프강 클로하우저, 동물학자
동물 보호 구역에 오신 것을 환영합니다! 쉿! 여기서는 목소리를 낮추세요… 몹이 깨면 안 되거든요. 저는 동물학자로 일하면서 몹의 복지를 위한 것들을 발명하고 있습니다. 최근에 저는 마인크래프트에서 플레이어를 잘 따르는 몹들을 위한 집을 보호 구역에 만들었습니다.

인사말

창작자의 왕국에 오신 것을 환영합니다! 이 왕국은 발명의 전문가들이 새로운 발명품을 만들고 시험하는 곳입니다. 이곳에 사는 사람들은 상상을 블록으로 구현합니다. 오늘 여러분은 왕국에서 제일가는 발명가들과 만나게 됩니다. 발명가들과 인사를 나누고 그들의 노하우를 배워 보세요.

피오나 픽서 교수, 복원 전문가
무엇을 도와드릴까요? 저는 고고학자로 일하고 있어요. 제 전문 분야는 유물을 복원하는 일이에요. 레드스톤 가루를 발견한 순간부터 연장을 가지고 놀아온 덕분인지 오래된 기계도 되살릴 수 있는 사람이 됐어요.

탑시 터비, 공중 엔지니어
증폭 세계에서 플레이 해 본 경험이 있나요? 저는 증폭 세계에 만들어진 아치 형태의 산 밑에 건축을 해 본 적이 있어요. 왕국에서 경치가 끝내주는 곳이죠!

사악한 박사, 악의 군주
따스한 햇살이 내리쬐는 곳에서 쉬는 상상, 다들 해 봤지? 내가 만든 휴양지인 해골 산에 한 번 와 봐. 보이는 게 다가 아니니까 기대해도 좋아.

프랭키 아인슈타인, 사악한 천재
내가 고딕 양식으로 지은 성에 한 번 와 봐. 내가 생명 창조를 실험하는 곳이야. 여기로 오면 내가 발명한 공포의 집을 볼 수 있어!

마이크 로스코픽, 미니어처 공예가
안녕하세요. 저는 마이크예요. 소인을 위한 발명품을 만들고 있어요. 제가 만든 발명품은 초대형 침실 세계에 있는 압도적인 크기의 장애물을 소인들도 넘을 수 있게 해 줘요.

클린트 웨스트우드, 카우보이 발명가
반갑네! 누군가가 이런 말을 했네. 정착하기에는 너무 많은 회전초가 핏속에 흐르는 카우보이가 있다고. 나도 그런 마음을 지닌 카우보이 중 하나지. 갈증이 생길 때면 내가 운영하는 이동식 술집으로 찾아와.

레드스톤의 기초

당신도 발명 전문가가 될 수 있습니다. 약간의 연습과 상상력만 있으면 누구나 가능합니다! 레드스톤 메커니즘을 배우기가 쉽지 않다는 것은 저도 잘 알고 있습니다. 그래서 저는 여러분도 멋진 발명품을 만들 수 있도록 발명가인 친구들과 함께 발명에 필요한 지식을 전수하고자 합니다. 아래 내용을 따라하면서 저희가 만든 발명품을 감상하다 보면 어느새 여러분도 놀라운 발명품을 만들 수 있게 될 것입니다.

시작하기 1

크리에이티브 모드

크리에이티브 모드에서는 게임 내에 존재하는 모든 블록들을 제한 없이 꺼내 쓸 수 있어, 자유롭게 건축할 수 있습니다. 도전적으로 플레이하고 싶다면 서바이벌 모드로 플레이해도 되지만 새로운 프로젝트를 시작할 때는 크리에이티브 모드로 플레이하는 것을 권장합니다.

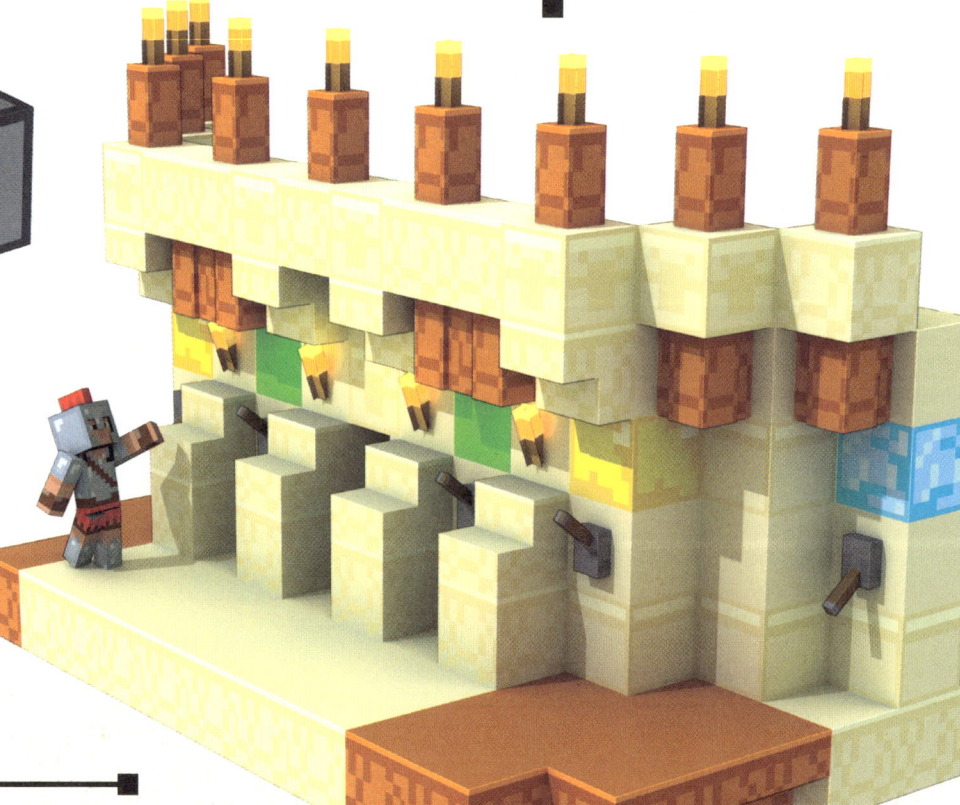

레드스톤 블록

마인크래프트에는 저마다 서로 다른 쓰임새를 지닌 레드스톤 블록과 아이템이 있습니다. 레드스톤 발명품을 만들기 위해서는 먼저 레드스톤을 사용하는 것에 익숙해져야 합니다. 블록들을 하나씩 설치해 보면서 어떻게 작동하는지 살펴보세요.

튜토리얼

세상에는 레드스톤에 대해 자습할 수 있는 튜토리얼이 많습니다. 이 책에도 있죠! 튜토리얼을 따라하면서 레드스톤 메커니즘의 기초에 대해 배워 보세요.

2 발명하기

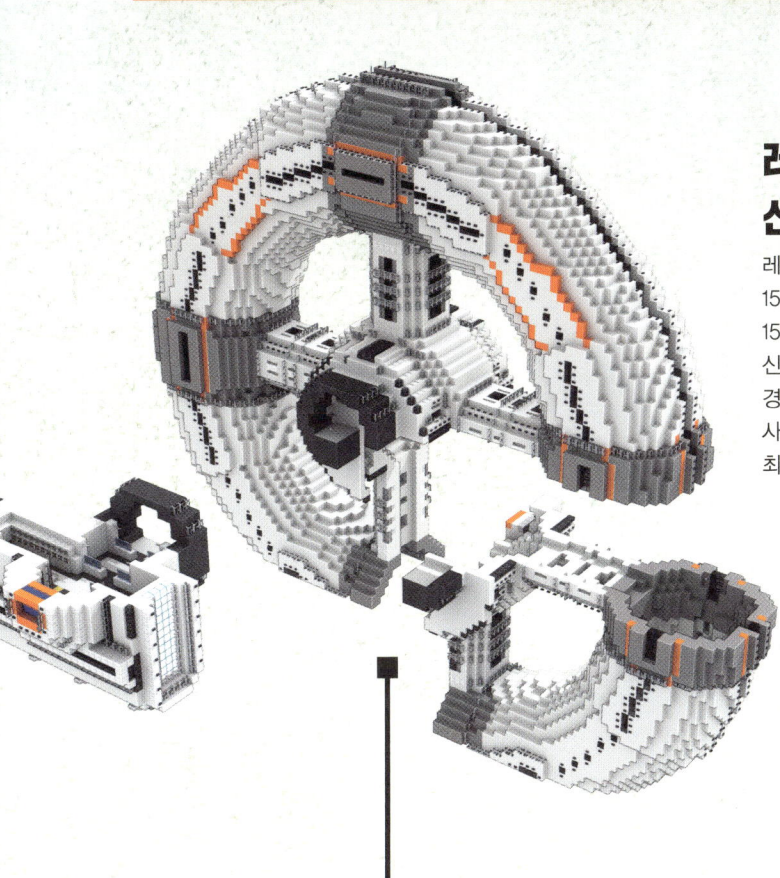

레드스톤 신호

레드스톤 신호의 최대 세기는 15입니다. 출력된 신호는 최대 15블록까지만 전달됩니다. 신호를 더 멀리 보내야 하는 경우에는 레드스톤 중계기를 사용하여 신호의 세기를 다시 최대치로 높일 수 있습니다.

아이디어

레드스톤 블록과 아이템이 작동하는 방법을 배웠다면 레드스톤 블록과 아이템으로 발명품을 만들어보세요. 처음에는 작게 시작해서 점차 아이디어를 구체화하세요. 거대한 발명품 중 대부분은 사실 굉장히 작고 단순한 메커니즘들로 구성되어 있습니다.

3 개선하기

테스트

처음으로 발명할 때는 만드는 데에 시간이 좀 걸릴 수 있습니다. 아이디어를 핵심 요소로 나누고 각 부분을 하나씩 만들어 보세요. 각 부분을 제대로 만들었으면 서로 합쳐서 한층 강력한 발명품으로 만드세요.

업그레이드

처음 만든 발명품은 다소 투박해 보일 수 있습니다. 하지만 발명품이 제대로 작동하기만 한다면 괜찮습니다! 지금부터 디자인을 개선하면 됩니다. 최고의 레드스톤 발명가들로부터 작업물을 단순화하기 위한 요령들을 배워 보세요.

13

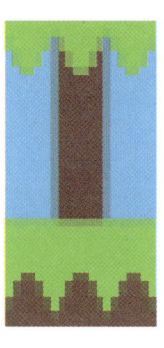

동물 보호 구역

어렸을 때 저는 우리 세계에 살고 있는 야생동물을 찾기 위해 오버월드를 떠돌아다니면서 산을 오르고 깊은 바닷속으로 잠수를 하기도 했습니다. 그러던 어느 날 죽은 덤불과 테라코타가 깔린 황무지에서 길을 잃었습니다. 이곳은 어떤 몹도 서식할 수 없는 환경이었습니다. 그래서 저는 수년간 쌓아온 동물학 지식으로 이곳을 개간하여 몹들을 위한 안식처로 만들었습니다.

몹 병원
몹의 복지를 위해 운영되는 병원과 연구 시설입니다. 이곳에서 몹을 관리하고 몹을 위한 보존 프로그램을 운영합니다.

설원
북극곰을 비롯하여 추운 바이옴에 서식하는 몹을 위한 장소입니다.

볼프강 클로하우저
동물학자

발명 들여다보기

저는 보호 구역에 필요한 시설을 알아보기 위해 여행하면서 쓴 일기를 참고했습니다. 몹이 잘 자라기 위해서는 적절한 집과 사료, 관리인이 있어야 합니다. 특히 해가 지고 나서 몹을 보호해 주는 것이 중요합니다.

몹 병원

처음에 지은 건축물은 몹 병원이었습니다. 몹을 수송하는 일은 쉽지 않기 때문에 몹을 한 쌍씩 데려오고 이곳에서 번식을 시켜서 개체 수를 늘렸습니다. 몹이 많지 않으면 동물 보호 구역이라 부를 수 없으니 충분히 많은 몹을 보호 구역에 만드세요!

보호 구역 초소

몇몇 털북숭이들은 단독 생활을 선호하므로 서로 떨어져 있는지 확인하기 위해 높은 곳에서 몹을 감시할 수 있어야 합니다. 펼친 다락문에 사다리를 설치하여 통로를 최대한 좁게 만듭니다.

농장

이곳의 주민은 당근과 비트에서부터 민들레와 밀에 이르기까지 몹이 자라는데 필요한 모든 작물을 재배합니다. 주민의 경작지 관리를 돕기 위해 저는 퇴비통을 설치했습니다.

꿀벌 서식지

꿀벌은 생태계에 필수적인 생명체입니다. 수많은 몹이 이용하는 식물의 수분을 돕기 때문입니다. 꿀벌 서식지는 제가 동물 보호 구역을 완성할 수 있었던 비결입니다. 꿀벌들을 위해 수많은 꽃과 벌집을 마련했습니다.

해양 보호 구역

이 수역은 수생하는 친구들을 위한 곳입니다. 수중에 조명을 설치하는 것은 어렵지만, 적대적인 몹이 배회하지 않게 하기 위해서는 조명이 필요합니다. 그래서 저는 전달체를 만들었습니다.

마구간

말에게는 폭풍우를 피할 수 있는 집이 필요합니다. 그래서 저는 마구간을 짓고, 마구간 안에 말이 먹을 건초 더미를 놓은 다음 밧줄로 울타리에 말을 묶어 놓았습니다.

블록 선택하기

동물 보호 구역에는 매우 다양한 서식지가 있기 때문에 모든 몹이 각자의 집에서 편안함을 느낄 수 있습니다. 이를 위해 수백 종의 블록을 사용했습니다. 하지만 주로 사용한 블록은 아래와 같습니다.

사암

매끄러운 사암   붉은 사암   껍질 벗긴 참나무 원목

발명 들여다보기

몹은 평온한 상태에서 가장 잘 발육합니다. 땅을 가꾸기 위해서는 주민들이 필요하다는 사실은 알고 있었습니다. 그래서 저는 주민의 수를 관리할 수 있는 방법을 고안했습니다. 이곳은 오로지 몹을 위한 공간이니까요!

연구 센터
병원 안에서는 몹에 대한 윤리적인 연구를 진행하고 있습니다. 연구를 통해 몹들의 흥미로운 행동 특징을 여럿 발견했습니다. 앨레이는 아이템을 수집하는 습성을 갖고 있다는 사실을 알고 있나요? 앨레이와 같이 일하면 배가 고픈 동물들에게 먹이를 보다 쉽게 가져다줄 수 있습니다.

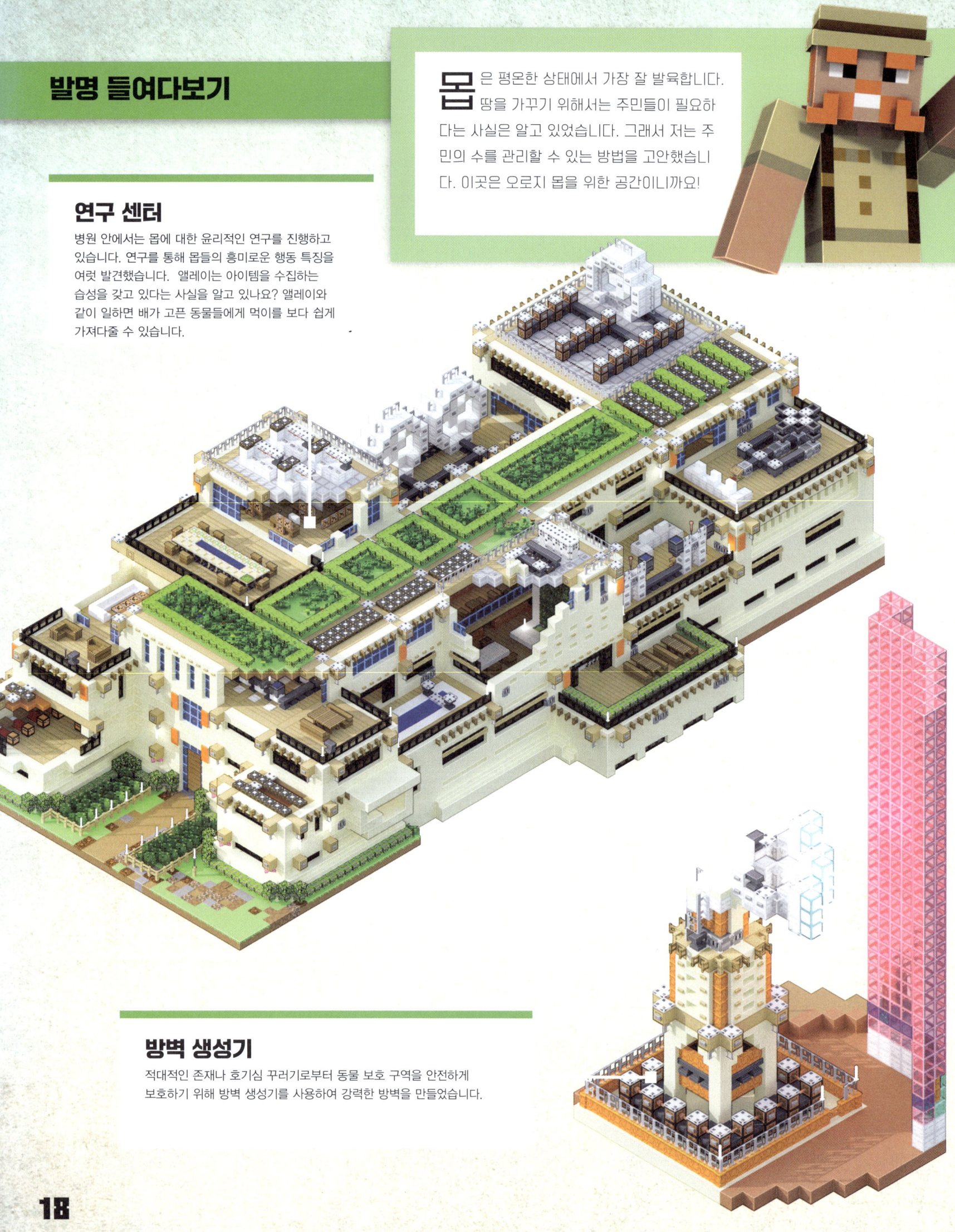

방벽 생성기
적대적인 존재나 호기심 꾸러기로부터 동물 보호 구역을 안전하게 보호하기 위해 방벽 생성기를 사용하여 강력한 방벽을 만들었습니다.

주민의 집

주민은 동물 보호 구역에 딱 맞는 관리인입니다. 직업이 있는 주민들은 주저 없이 일을 합니다. 주민들이 살 집은 보호 구역에서 사용하지 않는 지역과 조화를 이루도록 지었습니다. 흙으로 벽을 만들고 눈에 잘 띄지 않는 햇빛 감지기를 조명의 전원 공급원으로 사용했습니다.

사료 급여기

이 발명품은 단순하면서도 효율적입니다. 몹이 배고파졌을 때 좋아하는 먹이가 나오는 발사기 앞으로 가서 압력판을 밟기만 하면 먹이가 급여됩니다. 몹이 다른 발사기 앞에 있는 압력판을 밟으면 또 다른 맛을 볼 수 있습니다.

사료 급여기의 작동 구조

과학 타워

아, 이곳이 제 거처입니다! 제가 지은 건물 중에서 가장 발전된 건물로 사료 급여기와 수조 같은 것들을 발명하는 곳입니다.

자동식 수조

이 발명품은 세상에서 가장 강력한 에너지원인 태양을 이용합니다! 밤에는 수조가 비워지고 낮에는 다시 물이 채워집니다.

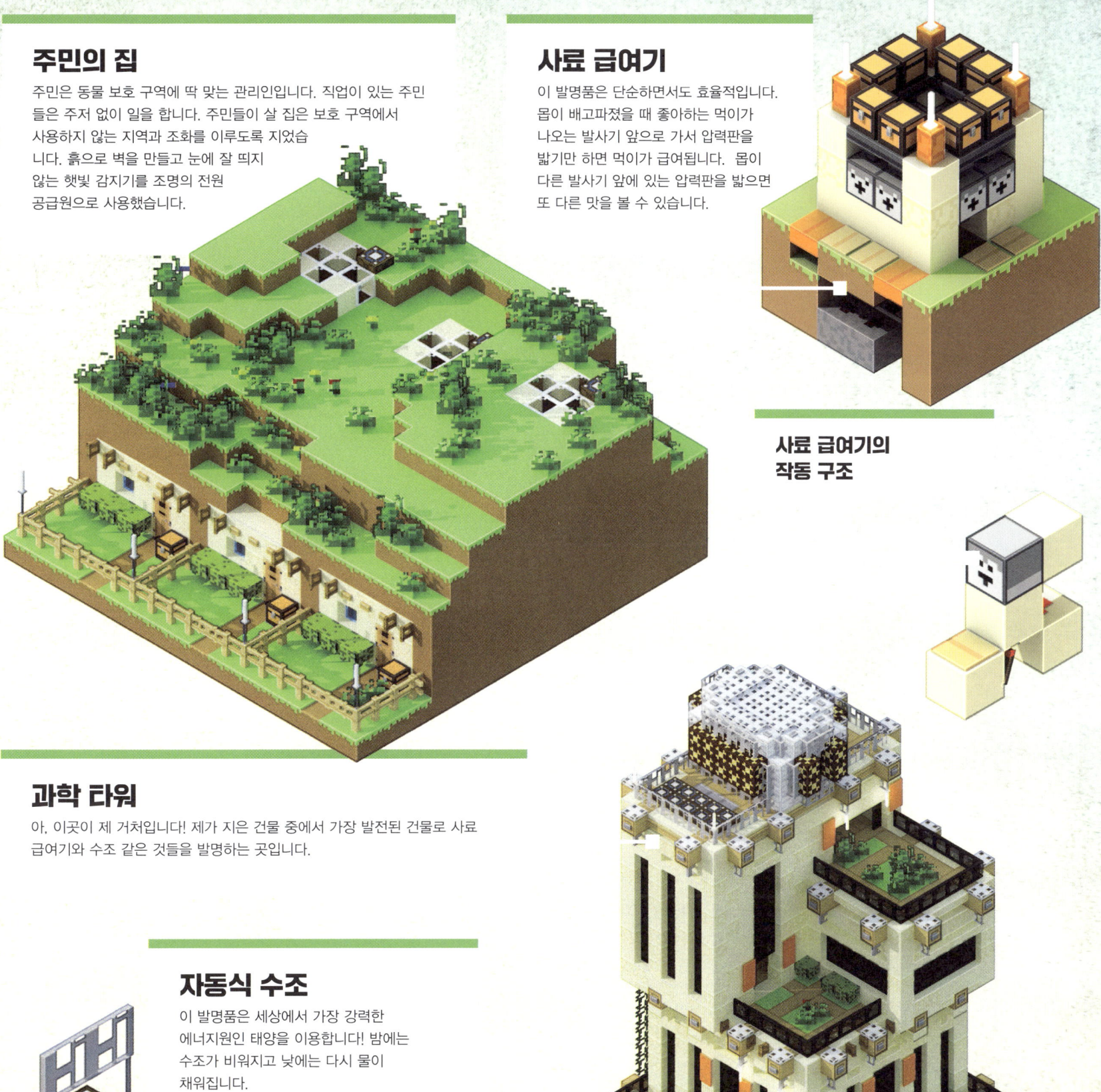

몬스터 공장

워! 하하, 이걸로 놀랐다면 이번 장은 건너뛰는 게 좋겠는 걸. 여기는 왕국에서 가장 무서운 장소야. 공포가 탄생하는 곳이지! 아니 탄생이라기보다는 만들어지는 곳이라고 하는 게 정확하겠어. 맞아, 내 발명품은 사람에 따라 악몽처럼 느껴질 수는 초자연적인 공장이야. 나는 폭풍의 힘을 이용하여 무시무시한 괴물에 생명을 불어넣었어! 왜냐고? 내게는 그럴 능력이 있으니까!

무시무시한 대문

농장
농장에서 난 신선한 식재료를 주방까지 보급용 수레가 운반해 주고 있어. 몬스터들도 허기를 느끼기 때문에 요리를 해 줘야 해!

채석장
석탄과 철이 나는 광산이야. 공장 가동에 필요한 자원들이지.

호박 농장

발명 들여다보기

마법에 걸린 탑
이 도서관을 만들기 위해 책이란 책을 다 수집했어. 이 책으로는 내가 만든 생명체들이 밤에 들고 다닐 아주 강력한 무기에 마법을 부여할 수 있어.

나는 몬스터 공장을 고딕 건축 양식으로 지은 성 안에 만들었어. 높은 벽은 어디서 내 프로젝트를 엿보지 못하게 막아주고, 높은 천장은 내가 만든 소중한 몬스터들이 돌아다닐 수 있는 공간을 마련해주지.

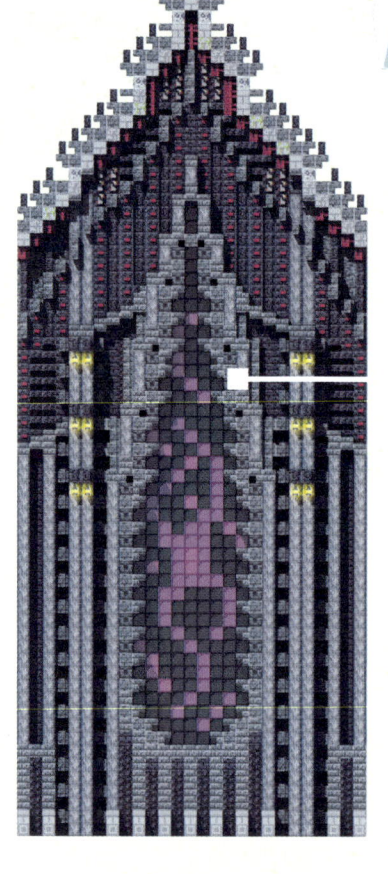

스테인드 글라스 창
커다란 창은 보라색으로 염색된 유리와 차광 유리를 사용해 만들었어. 내가 있는 성 안에는 언데드 몹이 많은데, 창을 차광 유리로 만들면 해가 떠 있는 낮에도 언데드 몹이 실내를 돌아다닐 수 있어.

지지대
성벽의 높이는 70블록이 넘어. 내부와 외부에 설치된 지지대는 무거운 하중을 추가적으로 지지하면서 고딕 건축 양식을 만들어줘.

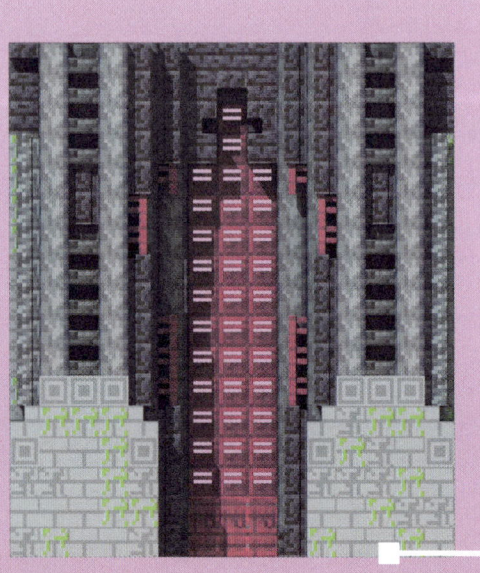

정문
성을 찾는 사람들은 많지 않지만, 모든 방문객들에게 좋은 첫인상을 남겨주고 싶었어. 누구도 나를 함부로 대하지 못하게 정문을 웅장하고 인상적으로 만들었지.

첨탑

높고 웅장한 이 탑은 아주 먼 곳에서도 볼 수 있어. 레드스톤 횃불의 붉은 빛은 구조물에 불길한 분위기를 더해 주지.

호박 농장

골렘에 생명을 불어넣기 위해서는 조각된 호박이 필요해. 나는 직접 호박을 키워서 가위로 조각한 다음, 씨앗은 퇴비통에 넣어서 뼛가루로 만들어.

블록 선택하기

불길한 예감이 드는 고딕 건축 양식의 성을 만들고 싶었기 때문에 돌 위주로 블록을 사용하고 불길한 분위기를 내는 블록을 써서 조명을 만들었어.

- 심층암 타일
- 석재 벽돌
- 윤나는 현무암
- 보라색 염색된 유리
- 랜턴

무시무시한 입구

여기가 내 성의 1차 저지선이야. 제 분수도 모르고 내 집에 침입하려는 자는 먼저 두꺼운 방벽을 뚫어야 해. 넓은 통로에는 스켈레톤 궁수를 위한 공간을 마련했어.

발명 들여다보기

폭풍 포집기

폭풍 포집기는 내 건축물 꼭대기에 있어. 포집기 맨 위에는 구리로 만든 막대가 있고. 이 막대는 폭풍의 에너지를 이용하여 몬스터 공장에 전원을 공급해. 번개가 내리치면 레드스톤 신호가 골렘 생성기에 전송돼! 정말 놀랍지 않아?

여기가 내 건축물의 심장부인 골렘 생성기가 있는 곳이야. 철 골렘을 만들기 위한 장치를 발명했어. 멈출 수 없는 자연의 힘을 갖고 있지!

골렘 생성기

철 골렘은 철 블록과 조각된 호박으로 만들 수 있어. 내가 만든 장치는 레드스톤을 이용해 새로운 생명체를 탄생시키지.

작동 원리

골렘 생성기를 사용하려면 4개의 피스톤 전면에 철 블록을 설치하고 발사기에 조각된 호박이 들어가 있어야 합니다. 이 상태에서 버튼을 누르면 피스톤이 활성화되면서 새로운 철 골렘이 태어납니다!

1
그림과 같이 콘크리트 블록을 네 갈래로 설치하고, 세 번째 갈래의 반대편에 블록 2개를 추가로 설치합니다. 바깥에 있는 두 갈래에 블록 2개를 계단 형태로 추가하고, 그림과 같이 중앙에 있는 두 갈래 사이에 블록 1개를 추가하여 두 갈래를 서로 연결합니다.

2
계속해서 지지용 구조물을 건축합니다. 그림과 같이 양끝에 있는 계단에 블록 2개를 추가하고, 중앙에 있는 갈래에 블록 4개를 설치합니다.

3
각 갈래에 레드스톤 가루를 설치하고 하부에서 서로 연결합니다.

4
그림과 같이 레드스톤 중계기 7개를 설치하고 지연 시간을 조절합니다. 중앙에 있는 중계기의 지연 시간은 4틱, 다른 중계기의 지연 시간은 1틱으로 설정합니다. 그런 다음 구조물 앞에 버튼을 추가합니다.

5
그림과 같이 피스톤 6개를 서로 마주 보도록 설치합니다. 이 피스톤으로 골렘의 각 부위를 밀 것입니다.

6
상단에 발사기 1개를 설치하고 발사기에 조각된 호박을 가득 채웁니다.

7
마지막으로 자신이 선택한 주제에 알맞게 생성기를 장식합니다. 철 블록 4개를 각 피스톤 전면에 설치합니다. 상자에 철 블록을 가득 채웁니다.

아기자기한 수로

수건은 가져오셨기를 바랍니다. 여러분 생에서 가장 신나는 여정이 시작될 테니까요! 저는 염원하던 것을 발명했어요. 바로 재미있는 놀이 기구죠! 이 건축물은 중력을 거스르는 폭포와 래프팅에서부터 무지개 다리와 불꽃놀이에 이르기까지 재미로 가득한 수로에요. 여기서 실력 있는 레이서들이 서로 승부를 겨룰 거예요.

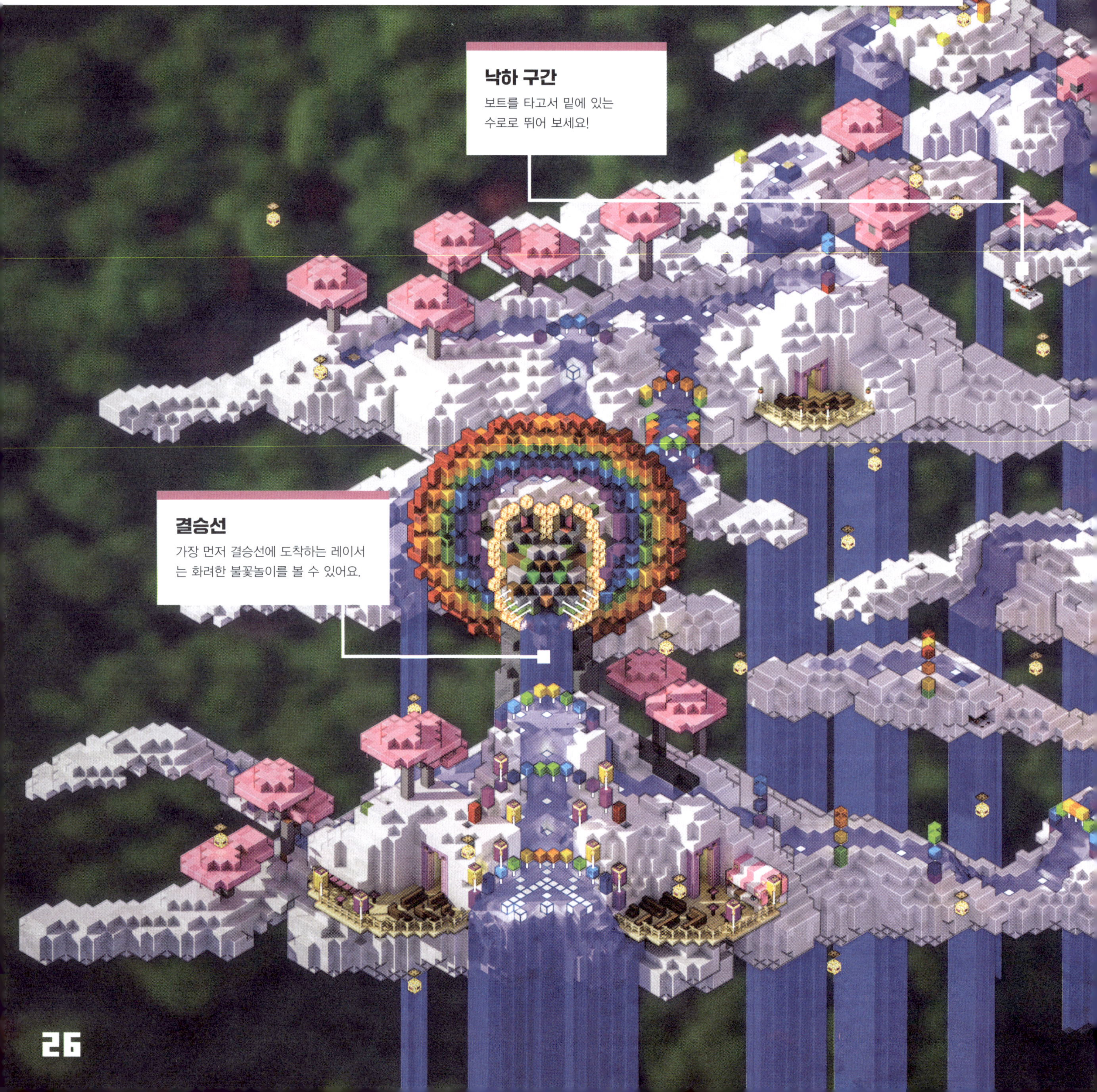

낙하 구간
보트를 타고서 밑에 있는 수로로 뛰어 보세요!

결승선
가장 먼저 결승선에 도착하는 레이서는 화려한 불꽃놀이를 볼 수 있어요.

발명 들여다보기

저는 왕국에서 가장 귀여운 동물인 고양이로 수로를 꾸몄어요. 이 동물들이 여러분이 하는 모든 일을 주의깊게 지켜보고 있으니 부정행위는 꿈도 꾸지 마세요! 하지만 동물들은 좋아하는 플레이어에게 선물도 줄 거예요.

고양이 사당
우리의 강력한 심판을 환영해 주세요! 장식으로 넣은 고양이 사당은 현수막과 콘크리트로 만들었어요. 고양이 사당에서는 출발선부터 결승선까지 내려다볼 수 있어서 누구도 부정행위를 할 수 없어요!

날아다니는 돼지
저는 분홍색도 좋고 동물들도 좋아해요. 그래서 당연히 제 건축물에는 두 가지를 모두 넣었죠. 날아다니는 분홍색 돼지를 보세요. 꿀꿀! 정말 귀엽네요.

출발선
제자리에서 보트에 올라타서 준비하시고… 출발! 경주가 시작되는 곳이에요. 출발점은 신중하게 정하세요. 앞에 있으면 선두에서 달릴 수 있지만 뒤에 있는 플레이어가 당신을 추돌할 수도 있어요.

하얀색 양털

하얀색 콘크리트

분홍색 양털

분홍색 콘크리트

물

무지개색 결승선
결승선에 도달하려면 오르막길을 올라야 해요. 여기서 다른 선수와 부딪히면 두 배로 힘들어질 거예요! 1등 선수를 따라잡을 기회가 될 수도 있지만, 꼴등 선수가 될 수도 있어요.

블록 선택하기
제 수로는 무지개색으로 채웠어요. 주로 하얀색과 분홍색 콘크리트와 양털을 섞어서 구름과 나무를 만들었어요. 수로를 만들 때 절대 잊어서는 안 될 핵심적인 블록은 물이에요!

관중석
이 자리에서 경주를 관람할 수 있어요. 관중석은 높은 곳에 있어서 관중들이 수로를 막힘 없이 볼 수 있고 관중들은 망원경을 사용하여 선수들의 행동을 자세히 볼 수 있어요.

무지개 다리
앞에 있는 무지개 다리에 유의하세요. 어떤 선수가 이 다리를 넘었다는 것은 그 선수가 결승선에 가까워졌고 순위가 매겨질 시간이 임박했다는 것을 의미해요. 이때부터는 전속력으로 노를 저어야 해요!

발명 들여다보기

제수로는 크고 하얀 구름을 타고 하늘 높이 떠 있어요. 갈 수 있는 길은 다양하지만, 길 하나는 제가 발명한 수로와 연결되어 있어요.

떠다니는 구름

떠다니는 구름은 수로의 구조를 형성해요. 구름은 하얀색 콘크리트와 하얀색 양털로 만들었고, 나무는 분홍색 콘크리트와 분홍색 양털로 만들었어요. 조명은 공중에 발광석을 설치해서 만들었어요.

거꾸로 흐르는 폭포

이건 평범한 폭포가 아니에요. 플레이어를 떨어뜨리는 게 아니라 위로 끌어당겨요! 바닥에 영혼 모래를 두면 플레이어를 올려 보내는 거품 기둥이 만들어져서 폭포를 타고 다음 구간으로 이동할 수 있어요.

피스톤으로 만든 가교

가교는 철사 덫 갈고리와 피스톤으로 서로 떨어져 있는 수로를 연결해요. 배를 타고 다리에 들어서면 철사 덫 갈고리가 끈끈이 피스톤을 작동시켜서 추락을 막아줘요. 경쟁자가 당신을 옆으로 밀어서 떨어뜨리지 않도록 조심하세요!

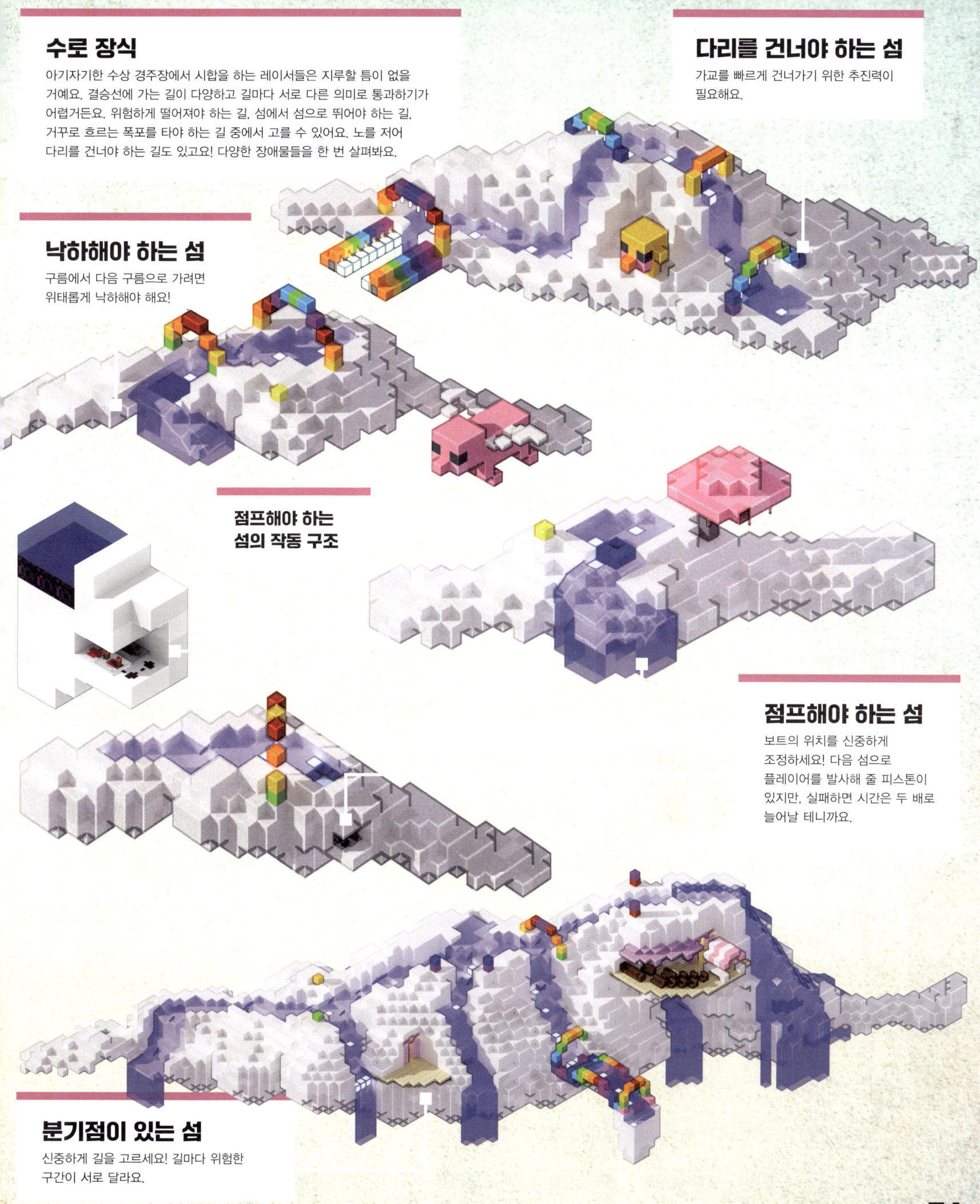

수로 장식

아기자기한 수상 경주장에서 시합을 하는 레이서들은 지루할 틈이 없을 거예요. 결승선에 가는 길이 다양하고 길마다 서로 다른 의미로 통과하기가 어렵거든요. 위험하게 떨어져야 하는 길, 섬에서 섬으로 뛰어야 하는 길, 거꾸로 흐르는 폭포를 타야 하는 길 중에서 고를 수 있어요. 노를 저어 다리를 건너야 하는 길도 있고요! 다양한 장애물들을 한 번 살펴봐요.

다리를 건너야 하는 섬

가교를 빠르게 건너가기 위한 추진력이 필요해요.

낙하해야 하는 섬

구름에서 다음 구름으로 가려면 위태롭게 낙하해야 해요!

점프해야 하는 섬의 작동 구조

점프해야 하는 섬

보트의 위치를 신중하게 조정하세요! 다음 섬으로 플레이어를 발사해 줄 피스톤이 있지만, 실패하면 시간은 두 배로 늘어날 테니까요.

분기점이 있는 섬

신중하게 길을 고르세요! 길마다 위험한 구간이 서로 달라요.

초자연적인 공장

좋아요. 차원문을 안전히 통과한 모양이군요. 실험실에 잘 오셨습니다! 이 연구 시설은 네더와 오버월드, 두 차원에 대한 연구를 개척하기 위해 지어졌습니다. 이곳은 네더에 대한 연구와 실험을 하는 곳입니다. 많은 실험이 진행 중이니 아무 버튼도 누르지 말아 주세요.

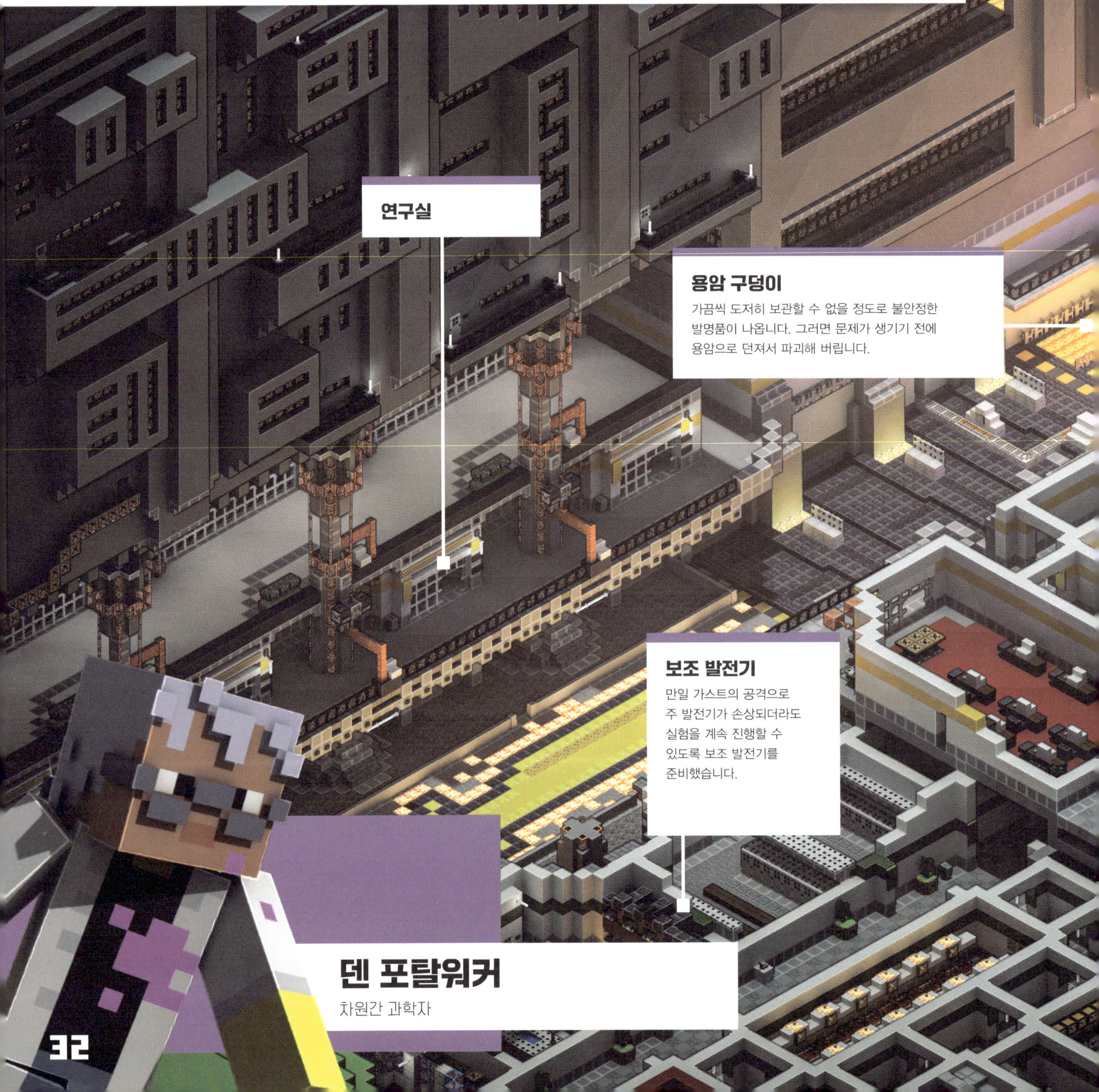

연구실

용암 구덩이
가끔씩 도저히 보관할 수 없을 정도로 불안정한 발명품이 나옵니다. 그러면 문제가 생기기 전에 용암으로 던져서 파괴해 버립니다.

보조 발전기
만일 가스트의 공격으로 주 발전기가 손상되더라도 실험을 계속 진행할 수 있도록 보조 발전기를 준비했습니다.

덴 포탈워커
차원간 과학자

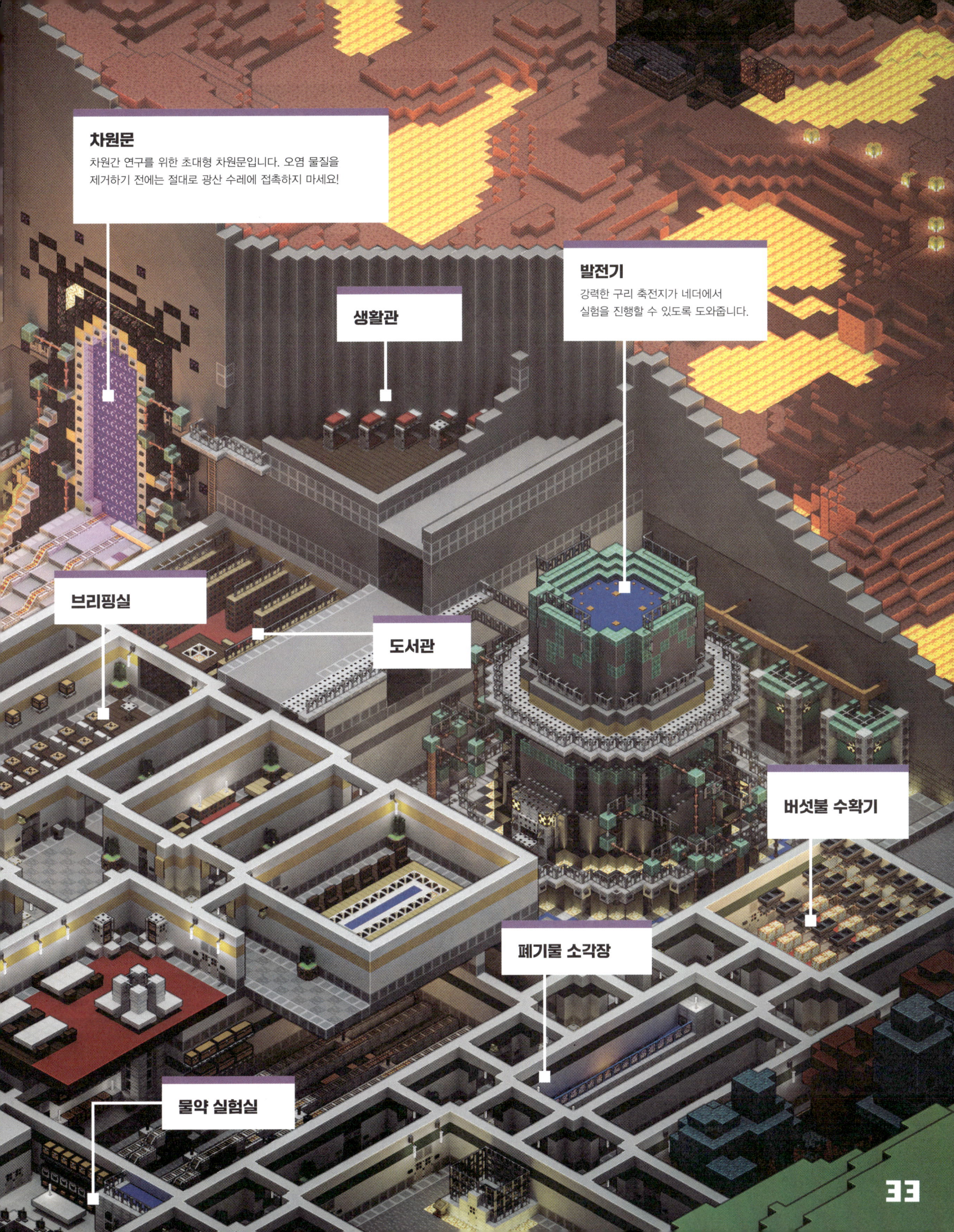

발명 들여다보기

과학 연구 시 가장 중요한 것은 청결입니다. 그래서 무언가가 잘못되더라도 바로 알아차릴 수 있도록 하얀색과 회색 블록을 건축물 전반에 걸쳐 사용했습니다.

브리핑실

저는 네더에서 많은 것을 발견해 냈습니다. 새롭게 발견한 것들을 이 방에서 동료 과학자들과 공유합니다. 지식은 공유했을 때 힘이 됩니다.

물약 실험실

안전 제일! 용암의 효과에 대해 연구하기 전에는 화염 저항의 물약을 마시고, 매우 굳게 닫혀 있는 뚜껑을 열 때에는 힘의 물약을 마십니다. 이처럼 물약은 과학을 연구할 때 매우 중요한 역할을 수행합니다. 필수적인 물약을 뽑아 쓰기 위해 발사기를 설치했습니다.

블록 선택하기

연구 시설에서 가장 중요한 것은 연구입니다. 어떤 위험도 생겨서는 안 됩니다! 각 구역은 이용 목적에 맞게 고유한 색으로 구분해 두었습니다.

노란색 콘크리트

하얀색 콘크리트   석영 벽돌   매끄러운 돌    초록색 콘크리트

연구용 셀 및 실험실

새로운 재료를 제대로 시험하려면 격리된 상태를 유지해야 합니다. 연구용 셀은 철문으로 안전하게 보관되어 있고, 실험실을 떠나기 전에는 반드시 오염 제거실에서 샤워를 해야 합니다.

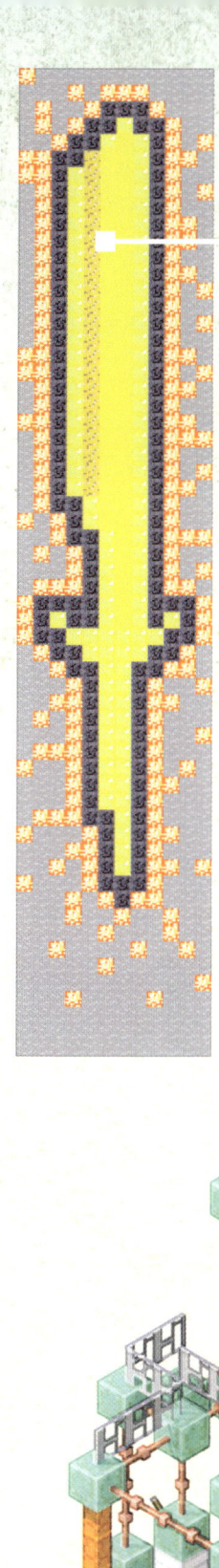

검 모자이크

금과 금 원석 블록으로 만들고 흑암과 버섯불로 둘러싼 이 검은 연구 시설을 운영하는 단체의 상징물입니다. 장식을 위해 지상에 거대한 크기로 설치했습니다.

부식성 물질 연구실

화약을 연구하면서 불행한 사고를 겪고 나서 저는 부식성 물질 연구를 위한 특별한 실험실을 만들기로 결심했습니다. 이 실험실은 예기치 못한 손상을 일으킬 수도 있는 새로운 물약을 실험하기 위해 방염 소재로 지었습니다. 접근 시 위험하다는 것을 알리기 위해 회색과 노란색 콘크리트를 사용했습니다.

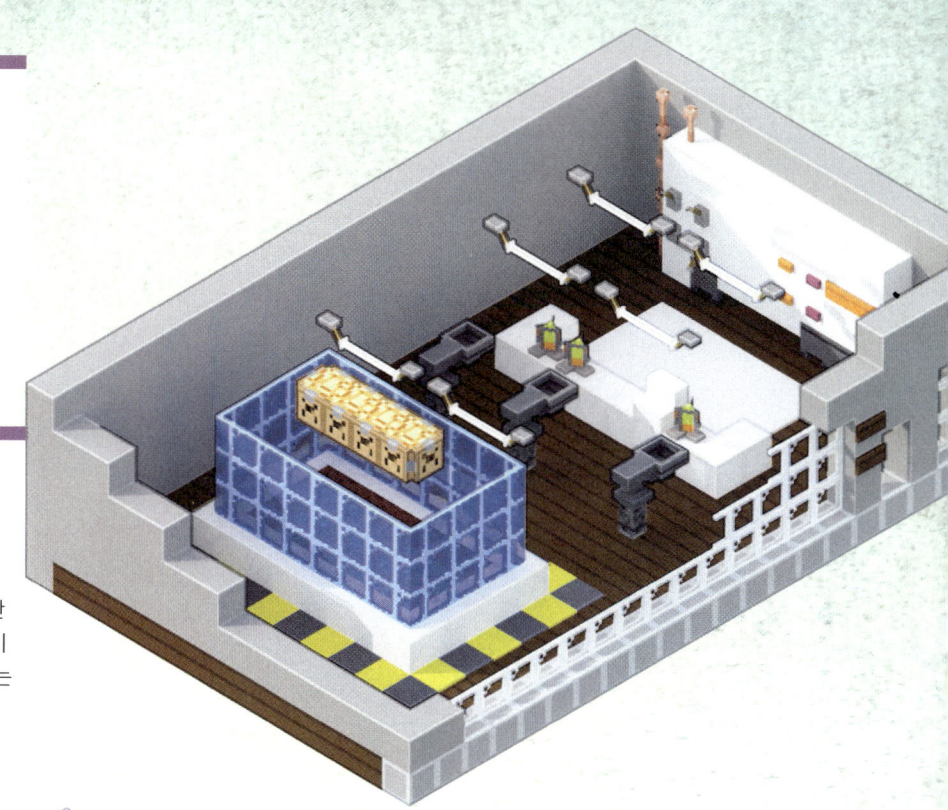

발전기

커다란 구리 축전지는 네더 실험실의 핵심 요소입니다. 산성 유체는 철 블록과 철창 속에 담겨 있고, 구리는 시간이 경과해도 손상되지 않도록 밀랍을 칠했습니다. 그리고 땅이 오염되지 않도록 물과 흑요석 보호층을 덧대었습니다.

발명 들여다보기

01 시설은 제가 직접 발명한 물건을 비롯해 최신 기술로 무장했습니다. 과학 실험 중 발생할 수 있는 사고와 적대적인 침입자의 발생을 막기 위해 추가적인 예방 조치를 취했습니다.

축전지

발전기에서 만들어진 에너지는 축전지에 저장되고, 축전지에 저장된 에너지는 시설 내에 있는 실험실로 전달됩니다. 휘발성 에너지는 흑암과 철 블록으로 안전하게 보관했습니다. 축전지 가동을 중단하려면 56개의 레버를 꺼야 하므로 실수로 끌 일은 없습니다.

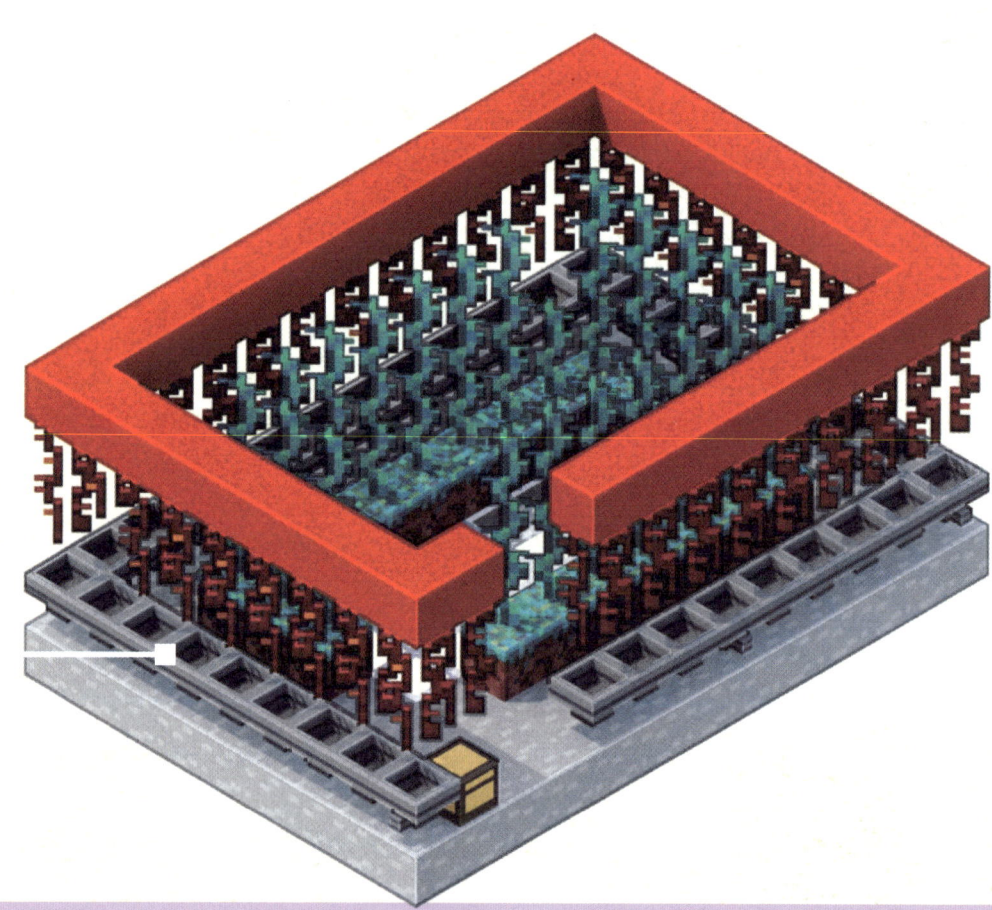

덩굴 방

덩굴을 모으는 일은 제 부하가 목숨을 걸고 해야 하는 일이었습니다. 피글린이 어찌나 방해하던지, 원! 덩굴 농장에서는 실험에 필요한 모든 덩굴이 자동으로 생산되고 있습니다. 점적석과 가마솥을 활용해 덩굴 농장에서 착안한 용암 농장도 곧 만들 계획입니다.

이중 피스톤 확장기

비상시에는 어떤 것도 실험실에서 빠져나오지 못하도록 이중 피스톤 확장기가 작동하여 실험실 출입구가 폐쇄됩니다.

네더 수송 허브

오버월드와 네더를 오갈 수 있는 차원문입니다. 양 차원에서 실험을 수행하기 위해 차원문 안팎에는 광산 수레 철도를 설치했습니다.

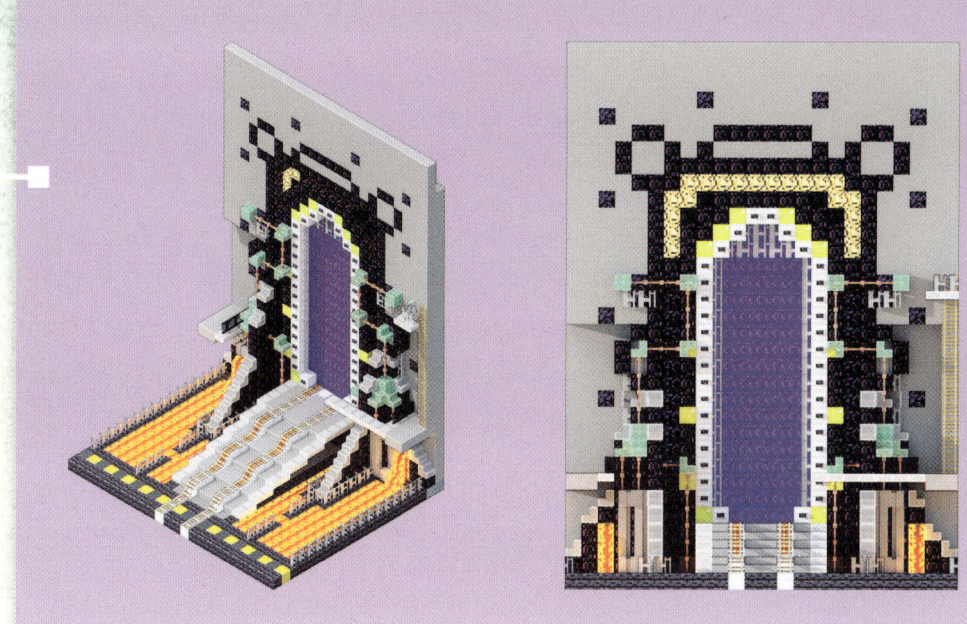

보안 카메라

복도에는 침입자가 몰래 돌아다니는 일이 없도록 보안 카메라가 줄지어 있습니다. 위험한 물질이 이상한 사람의 손에 들어가는 일이 있어서는 안 되니까요!

폐기물 처리 시설

각 실험실은 폐기물 처리 시설과 연결되어 있습니다. 그러나 큰 규모의 실험이 잘못된 경우에는 용암에 버리는 것이 가장 안전한 처리 방법입니다.

방벽

네더 차원문 앞에는 방벽 여러 개가 늘어서 있습니다. 약탈자가 차원문을 넘어오는 경우에는 여기서 저지를 할 수 있습니다.

보조 발전기

대강 만든 보조 발전기는 열 에너지를 사용하여 전력을 생산합니다. 가동에 드는 비용은 많지만 주 발전기에 문제가 생겼을 때에 대비하기 위해서는 필수적인 설비입니다. 불이 나가면 햇빛 감지기가 보조 발전기를 활성화하여 실험을 중단 없이 계속할 수 있도록 합니다.

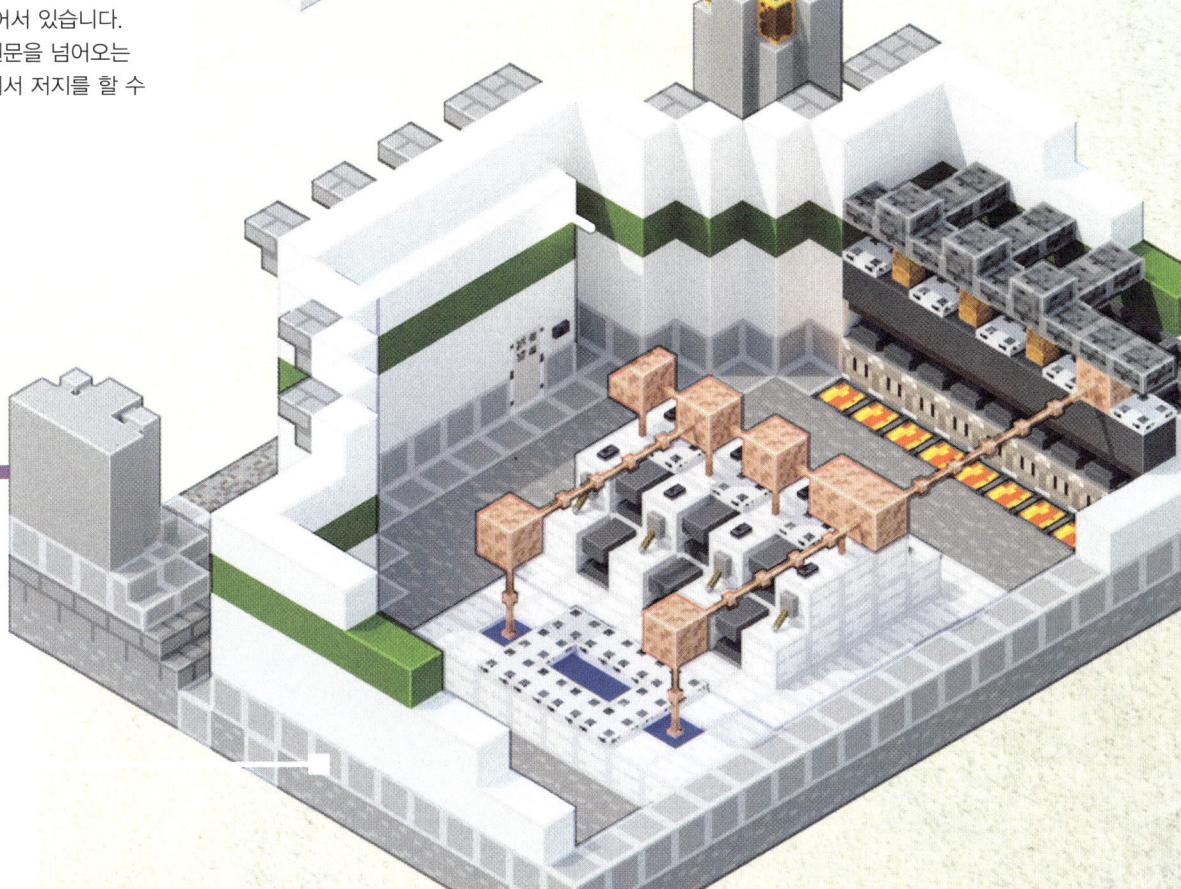

걸어다니는 거미 주점

이햐! 말에 올라타고 이랴를 외쳐라. 얼른 이 술집을 봐 봐. 쉬지 않고 움직이는 데다 정말 멋지지 않아? 다그닥다그닥 움직이는 술집이야! 내 놀라운 발명품은 서부 개척지를 넓히고 있어. 내 여정을 멈출 수 있을 만큼 높은 산이나 깊은 강은 이 세상 어디에도 없지.

물레베이터
술집에 들어가려면 물레베이터를 타야만 하지.

제어실
모든 레드스톤 메커니즘은 이 방에서 제어되고 있어.

오르니톱터

클린트 웨스트우드
카우보이 발명가

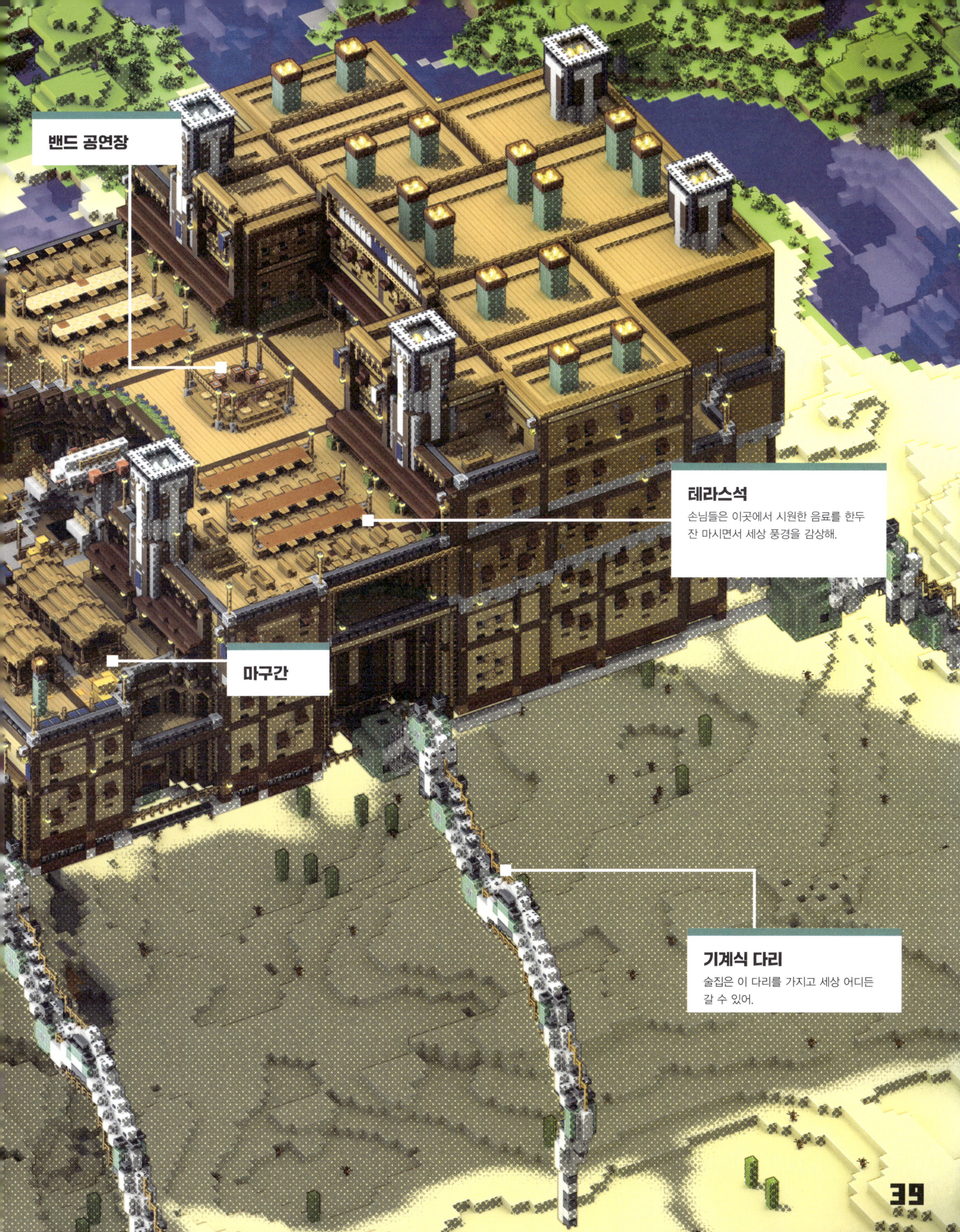

발명 들여다보기

01 야수를 길들이는 것은 평범한 말을 길들이는 것보다 큰 노력이 필요하지. 기계에는 따뜻한 손길이 필요해. 하지만 더 중요한 과제는 안에 있는 사람들이 너무 소란을 피우지 않도록 하는 거야!

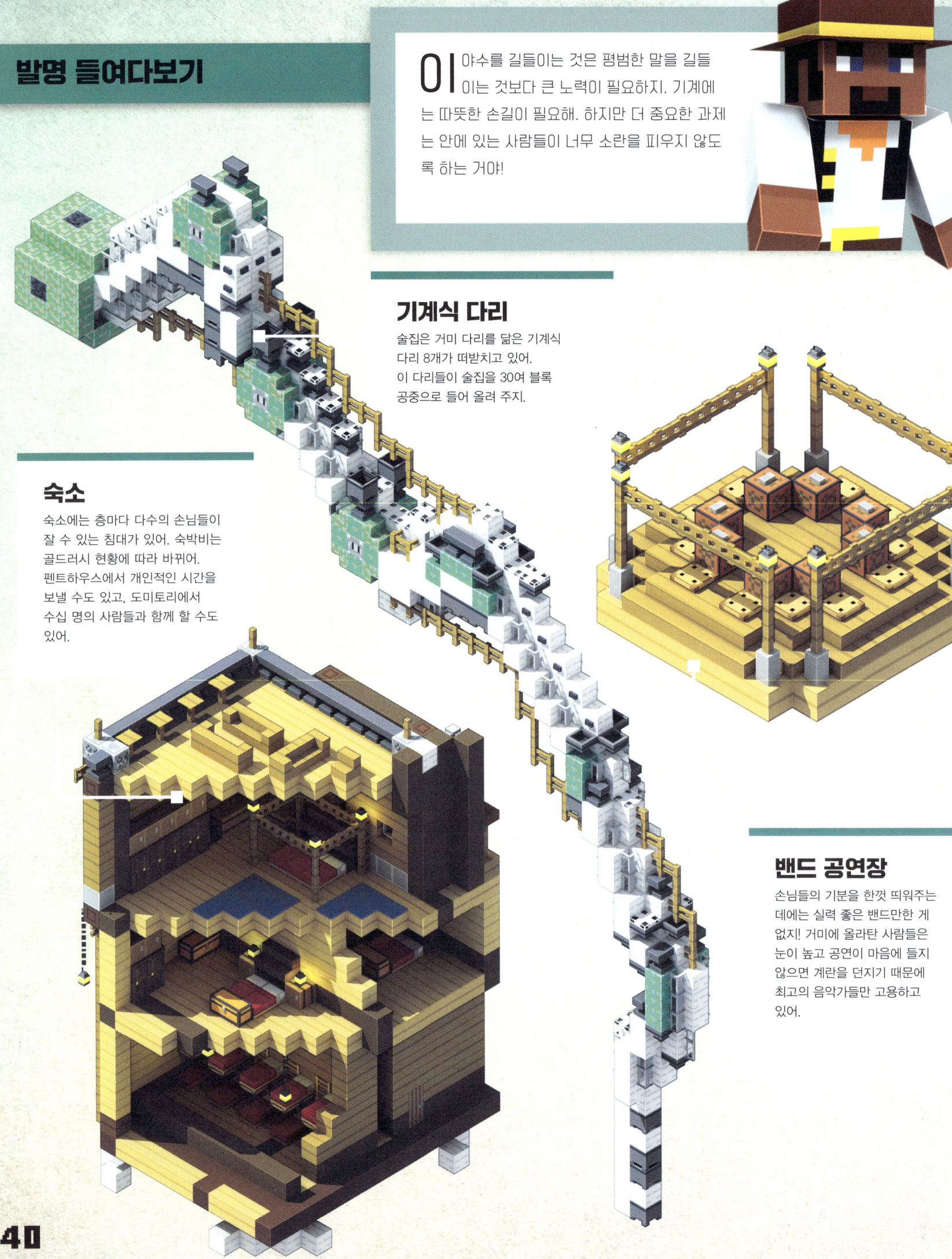

기계식 다리
술집은 거미 다리를 닮은 기계식 다리 8개가 떠받치고 있어. 이 다리들이 술집을 30여 블록 공중으로 들어 올려 주지.

숙소
숙소에는 층마다 다수의 손님들이 잘 수 있는 침대가 있어. 숙박비는 골드러시 현황에 따라 바뀌어. 펜트하우스에서 개인적인 시간을 보낼 수도 있고, 도미토리에서 수십 명의 사람들과 함께 할 수도 있어.

밴드 공연장
손님들의 기분을 한껏 띄워주는 데에는 실력 좋은 밴드만한 게 없지! 거미에 올라탄 사람들은 눈이 높고 공연이 마음에 들지 않으면 계란을 던지기 때문에 최고의 음악가들만 고용하고 있어.

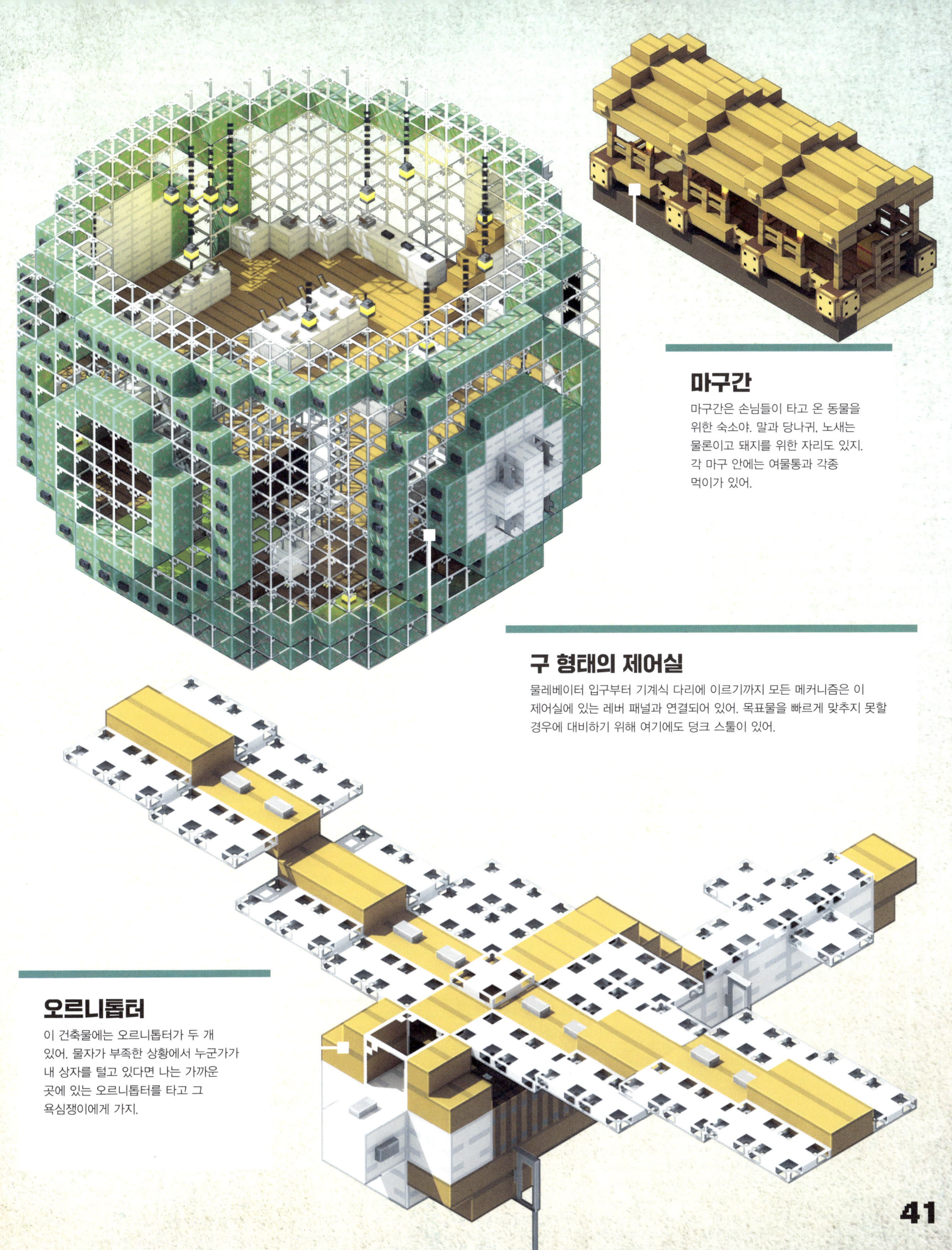

마구간
마구간은 손님들이 타고 온 동물을 위한 숙소야. 말과 당나귀, 노새는 물론이고 돼지를 위한 자리도 있지. 각 마구 안에는 여물통과 각종 먹이가 있어.

구 형태의 제어실
물레베이터 입구부터 기계식 다리에 이르기까지 모든 메커니즘은 이 제어실에 있는 레버 패널과 연결되어 있어. 목표물을 빠르게 맞추지 못할 경우에 대비하기 위해 여기에도 덩크 스툴이 있어.

오르니톱터
이 건축물에는 오르니톱터가 두 개 있어. 물자가 부족한 상황에서 누군가가 내 상자를 털고 있다면 나는 가까운 곳에 있는 오르니톱터를 타고 그 욕심쟁이에게 가지.

발명 들여다보기

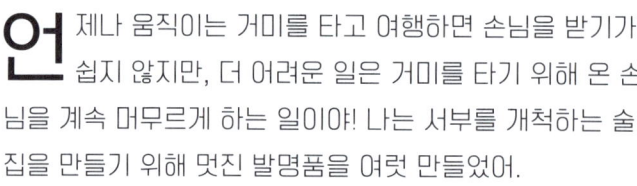

언제나 움직이는 거미를 타고 여행하면 손님을 받기가 쉽지 않지만, 더 어려운 일은 거미를 타기 위해 온 손님을 계속 머무르게 하는 일이야! 나는 서부를 개척하는 술집을 만들기 위해 멋진 발명품을 여럿 만들었어.

피스톤 테이블 및 술통

피스톤과 레드스톤 횃불, 양탄자를 사용하여 테이블을 만들었어. 통에는 손님들을 위한 음료를 가득 넣었지.

덩크 스툴

덩크 스툴은 서부 개척 시대에 사람들이 즐겨하던 놀이야. 여기서 바보처럼 행동하면 다락문 위에 오르게 돼. 그러면 손님들이 번갈아가면서 과녁 블록을 맞춰서 다락문 위에 있던 플레이어를 물에 빠뜨릴 수 있어.

공기 조화용 굴뚝

레드스톤 엔진과 모닥불, 몇 분마다 터지는 폭죽 때문에 술집 대부분이 연기로 자욱해져. 공기 조화용 굴뚝이 술집의 공기를 상쾌하게 유지해 주지.

물레베이터

술집에 들어서려면 날렵한 활잡이가 되어야 하지! 이 술집에 들어가려면 물레베이터를 타야 해. 활을 당기고 과녁 블록을 정확히 조준해서 맞춰야 해. 그러면 탑 위에서 물이 내려오면서 거미의 뱃속으로 들어갈 수 있는 물길이 생겨.

블록 선택하기

걸어 다니는 술집을 커다란 기계식 다리를 지닌 거미 형태의 서부 개척 시대의 술집처럼 보이도록 만들기 위해 목재와 금속재 블록을 섞어서 건축했어.

신호 사다리

과녁 블록은 레드스톤 횃불로 만든 신호 사다리와 연결되어 있어. 화살이 과녁에 꽂히면 과녁 블록에서 발생한 신호가 사다리를 타고 발사기를 활성화시키지.

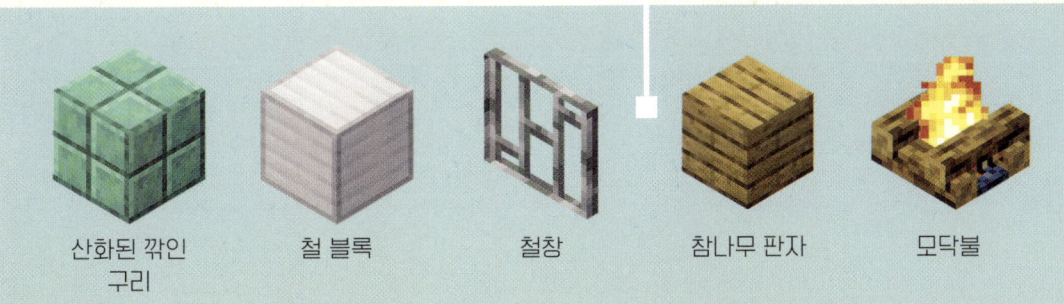

| 산화된 깎인 구리 | 철 블록 | 철창 | 참나무 판자 | 모닥불 |

43

경이로운 사원

정글에 오신 여러분을 환영합니다! 이 사원은 제가 지금까지 발견한 것 중에 가장 크고, 제가 참여한 복원 프로젝트 중에 가장 규모가 큰 사원입니다. 저는 고대 유적을 원래 상태로 되돌리기 위해 쉼 없이 노력해 왔습니다. 선조들이 이런 것을 발명할 수 있었던 것은 정말 놀라운 일입니다. 아름다운 외관에 속지 마세요. 사원 내부에는 부비 트랩이 가득합니다! 지금 서 계신 곳도 조심하세요.

사원 발코니

원형 제단
사원 중앙에는 제단이 있습니다.

가려진 통로
이 통로에 있으면 곳곳에 있는 폭포에서 몰아치는 물보라를 피할 수 있습니다.

큰 호수

피오나 픽서 교수
복원 전문가

발명 들여다보기

제 선조들은 거대한 반얀 나무 숲 속에 도시를 세웠습니다. 거대한 나무뿌리들은 일련의 석조 구조물과 서로 연결되어 있는 굴을 지탱하고 있습니다.

원형 제단

원형 제단은 가장 큰 반얀 나무 몸통 주위에 돌로 지어졌습니다. 제단으로 들어가는 입구는 사방팔방에 나 있습니다. 구조물 안에 제단으로 이어지는 계단이 있는 것으로 보아 어떤 의식을 치르기 위한 사원이었던 것이 분명합니다.

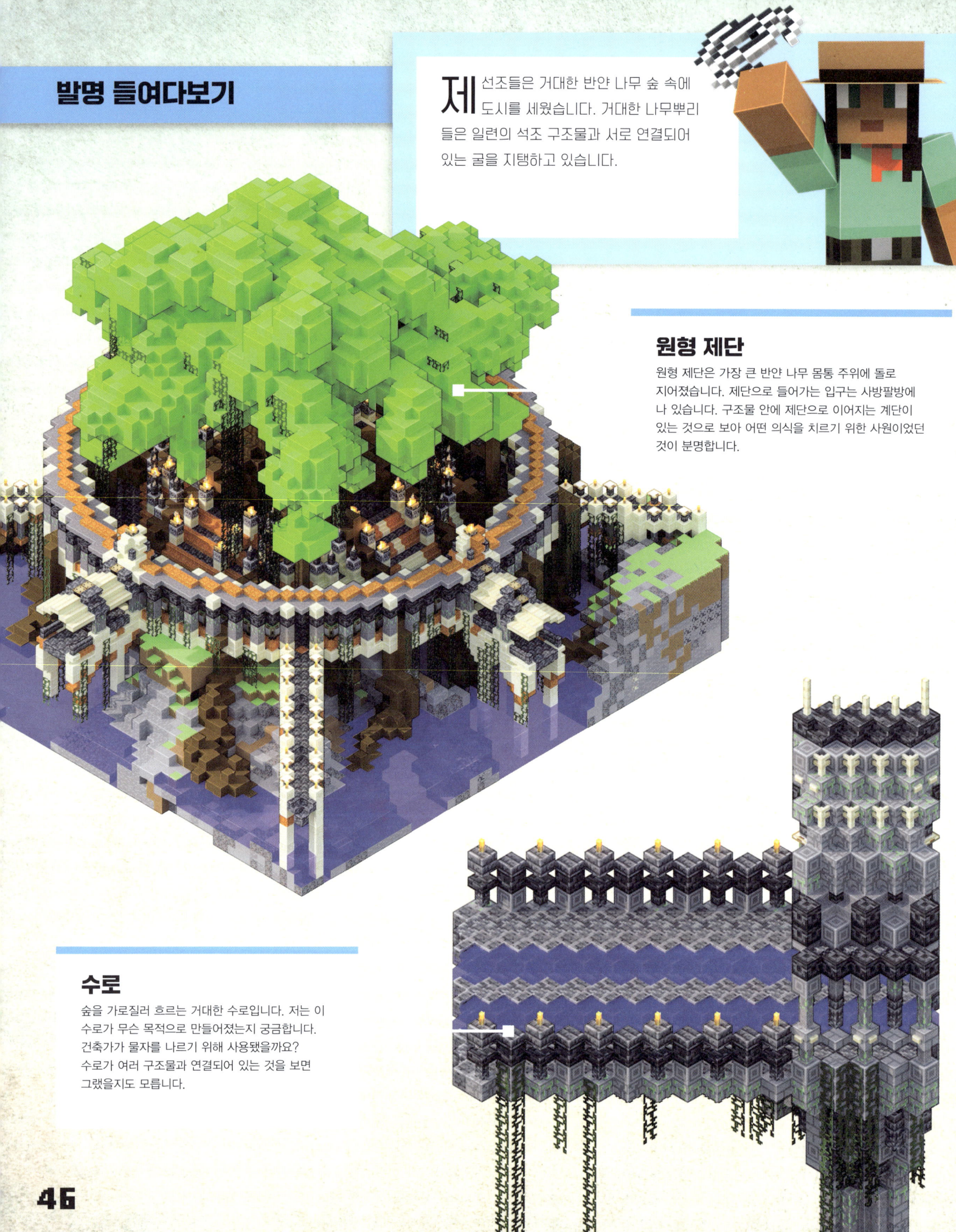

수로

숲을 가로질러 흐르는 거대한 수로입니다. 저는 이 수로가 무슨 목적으로 만들어졌는지 궁금합니다. 건축가가 물자를 나르기 위해 사용됐을까요? 수로가 여러 구조물과 연결되어 있는 것을 보면 그랬을지도 모릅니다.

지하 도로망

사원은 동굴로 구성된 도로망을 통해 깊은 땅속까지 연결되어 있습니다. 심층암이 사용된 흔적을 보면 이들이 생각보다 훨씬 깊은 곳까지 내려갔다는 것을 알 수 있습니다. 일부 구조물에는 흑암도 들어가 있습니다! 지금은 파괴된 차원문도 이들이 만든 것일까요?

보물의 방

지하 도로망은 심층암 금광을 조각하여 만든 보물의 방까지 이어집니다. 보물의 방 중앙에는 또 다른 치명적인 부비 트랩과 연결된 덫 상자가 있습니다.

경이로운 사원의 탑

사원은 음침하고 불길한 분위기를 주고, 입구에 있는 포자 꽃은 이상한 초록색 안개로 공기를 채웁니다. 사원 내부에는 이곳이 옛날 사람들의 무덤이었다는 것을 나타내는 해골들이 벽에 걸려 있습니다. 정말 놀라운 일입니다!

석재 벽돌 / 이끼 낀 석재 벽돌 / 조약돌 / 심층암 / 자작나무 반 블록

블록 선택하기

정글 사원은 주변에서 쉽게 구할 수 있는 블록으로 지어졌습니다. 이 구조물을 지은 사람은 건축에 쓸 블록을 충분히 모으기 위해 굴을 팠습니다.

발명 들여다보기

저는 살면서 많은 고대 메커니즘을 복원해 봤지만, 이 사원의 자갈 덫만큼 위험한 것은 처음 봅니다. 실수로 거의 무덤 앞까지 간 뒤로 저는 폐허 주변을 조심스럽게 걷는 법을 남들보다 빨리 배우게 됐습니다.

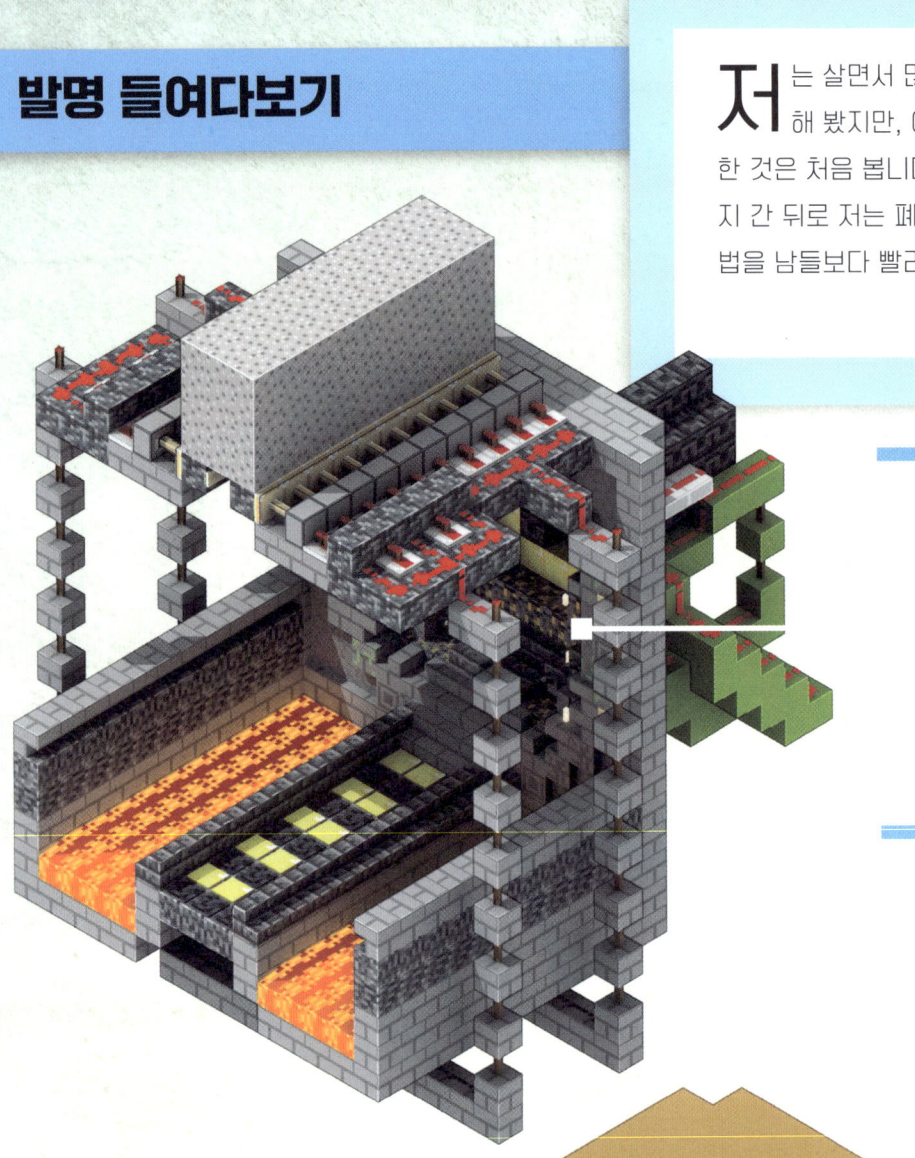

자갈 덫

선조들은 사원을 지을 때 자신의 소유물을 지키기 위해 최선을 다한 것으로 보입니다. 거대한 자갈 덫은 신호 사다리와 레드스톤 가루, 끈끈이 피스톤으로 제작됐습니다. 다리를 따라 늘어선 압력판 중 하나라도 누군가가 밟으면 150개에 달하는 자갈이 방출됩니다. 말 그대로 자갈밭이 되는 것이죠!

반얀 제단

제단에 들어가는 계단을 오르자마자 저는 언데드 몹에게 공격을 당했습니다. 안으로 들어가니 그 이유를 알 수 있었습니다. 사방에 몹 생성기가 있었기 때문입니다! 제가 이곳을 방문했을 때에는 조명을 제어하는 레드스톤 메커니즘이 손상되어 있었습니다. 재빨리 메커니즘을 수리하여 언데드의 맹습을 멈출 수 있었습니다.

비밀번호 문

자갈 덫을 피한 후 저는 암호로 잠겨 있는 문을 발견했습니다. 시간이 조금 걸리기는 했지만 작동 원리를 알아내고 어떻게 제작되었는지를 기록했습니다.

제작 과정

단계를 따라 자신만의 비밀번호 문을 만들어 보세요. 끈끈이 피스톤 3개로 입구를 여닫을 수 있도록 설계했습니다. 복잡한 메커니즘으로 구성되어 있기 때문에 단계 단계를 유심히 보고 따라 하세요.

1
먼저 연두색 테라코타를 사용하여 자동문 메커니즘 구조의 지지대를 만듭니다.

2 그림과 같이 지지대의 윗부분을 만듭니다.

3
심층암 벽돌 3개를 왼편에 설치하고 윤나는 흑암 블록 3개를 오른편에 설치합니다.

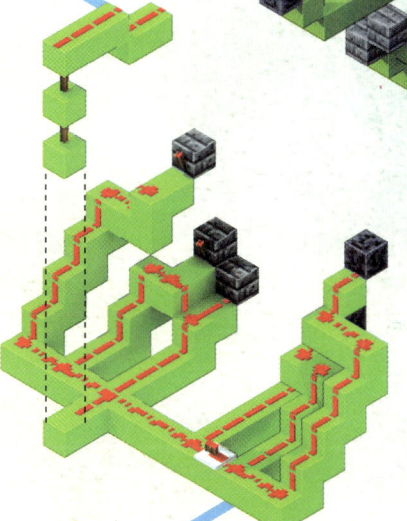

4
레드스톤 횃불을 사용하여 신호 사다리를 만듭니다. 그런 다음 레드스톤 가루 2개와 레드스톤 중계기 1개, 레드스톤을 그림과 같이 지지대 위에 설치합니다.

5
지지대 위에 반 블록 2개를 설치하고 반 블록 위에 레드스톤 가루를 설치합니다. 그런 다음 끈끈이 피스톤 3개를 심층암 블록에 붙입니다.

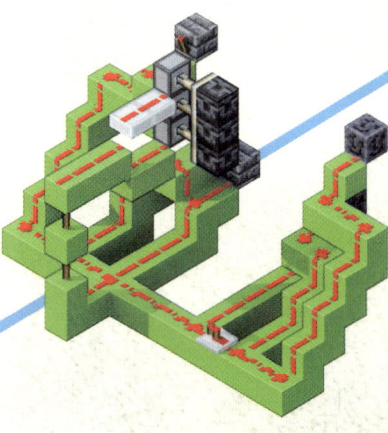

6
연두색 테라코타와 금 블록, 조각된 심층암을 사용하여 입구를 만듭니다.

7
조각된 흑암을 사용하여 굴을 만듭니다.

8
피스톤 문을 활성화하기 위한 레버를 건축물 앞에 있는 심층암 벽돌과 윤나는 흑암 위에 설치합니다.

9
마지막으로 입구의 정면 외관을 장식합니다. 여기서는 심층암 금광석, 촛불과 같은 블록을 사용하여 오래된 듯한 분위기를 만들었습니다.

조합

문을 열기 위해서는 올바른 조합으로 레버를 당겨야 합니다. 레드스톤 신호가 끈끈이 피스톤에 닿아야만 문이 열립니다.

패스파인더

탑승을 환영합니다! 저희는 자급자족이 가능하고 태양광으로 움직이는 은하간 우주 정거장인 패스파인더로 심우주를 개척하고 있습니다. 야망에 한계란 없음을 이 패스파인더가 증명합니다. 이 거대한 발명품은 우리가 새로운 세계를 발견하고, 새로운 사람들을 만나고, 우리의 기술을 우주의 변두리까지 퍼뜨릴 수 있도록 도와줍니다.

고리 형태의 방

발광체

수경 재배 센터
이곳에서 탑승자들이 먹을 식량을 키우고 있습니다.

중력 제어

록시 로켓
엔지니어

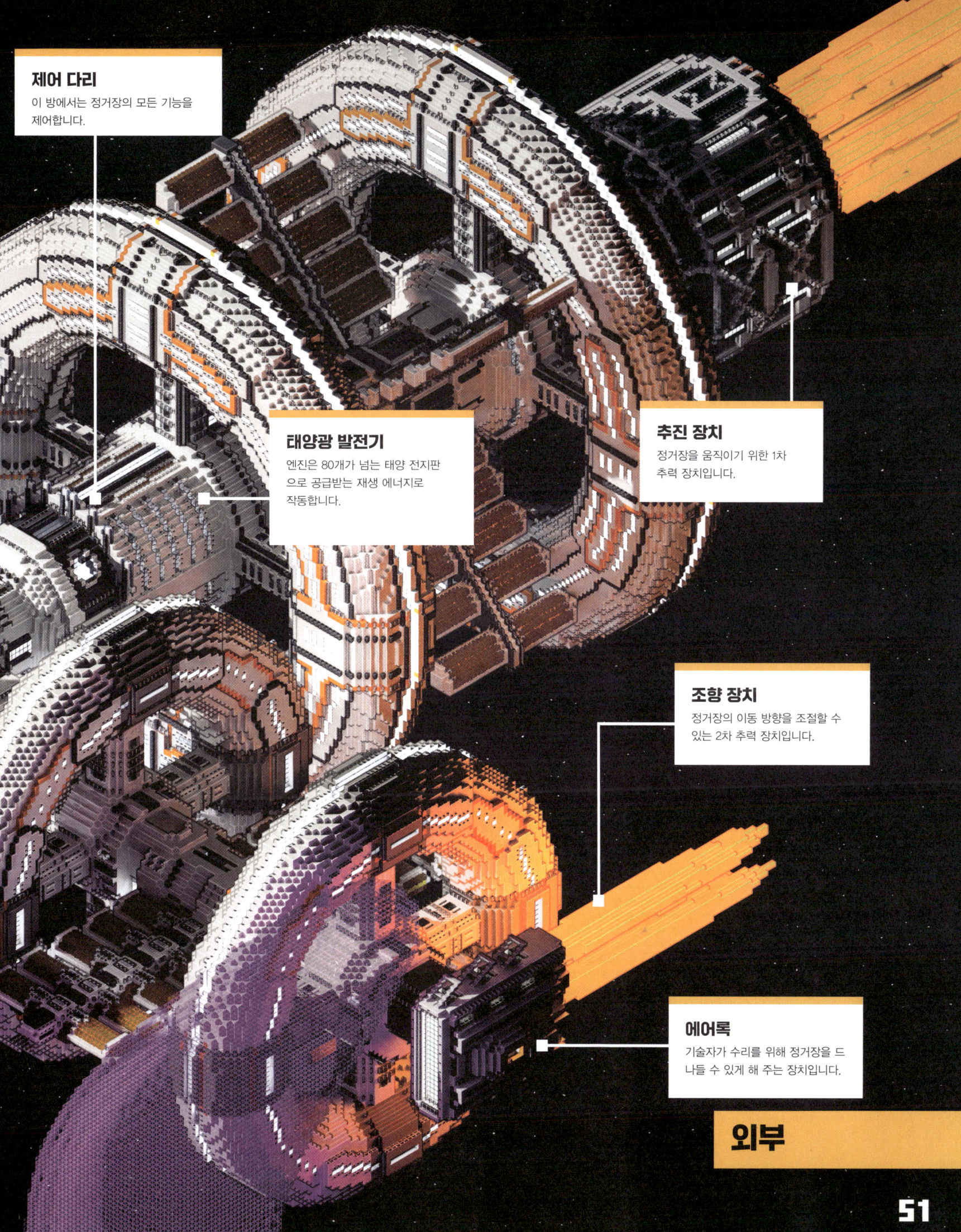

제어 다리
이 방에서는 정거장의 모든 기능을 제어합니다.

태양광 발전기
엔진은 80개가 넘는 태양 전지판으로 공급받는 재생 에너지로 작동합니다.

추진 장치
정거장을 움직이기 위한 1차 추력 장치입니다.

조향 장치
정거장의 이동 방향을 조절할 수 있는 2차 추력 장치입니다.

에어록
기술자가 수리를 위해 정거장을 드나들 수 있게 해 주는 장치입니다.

외부

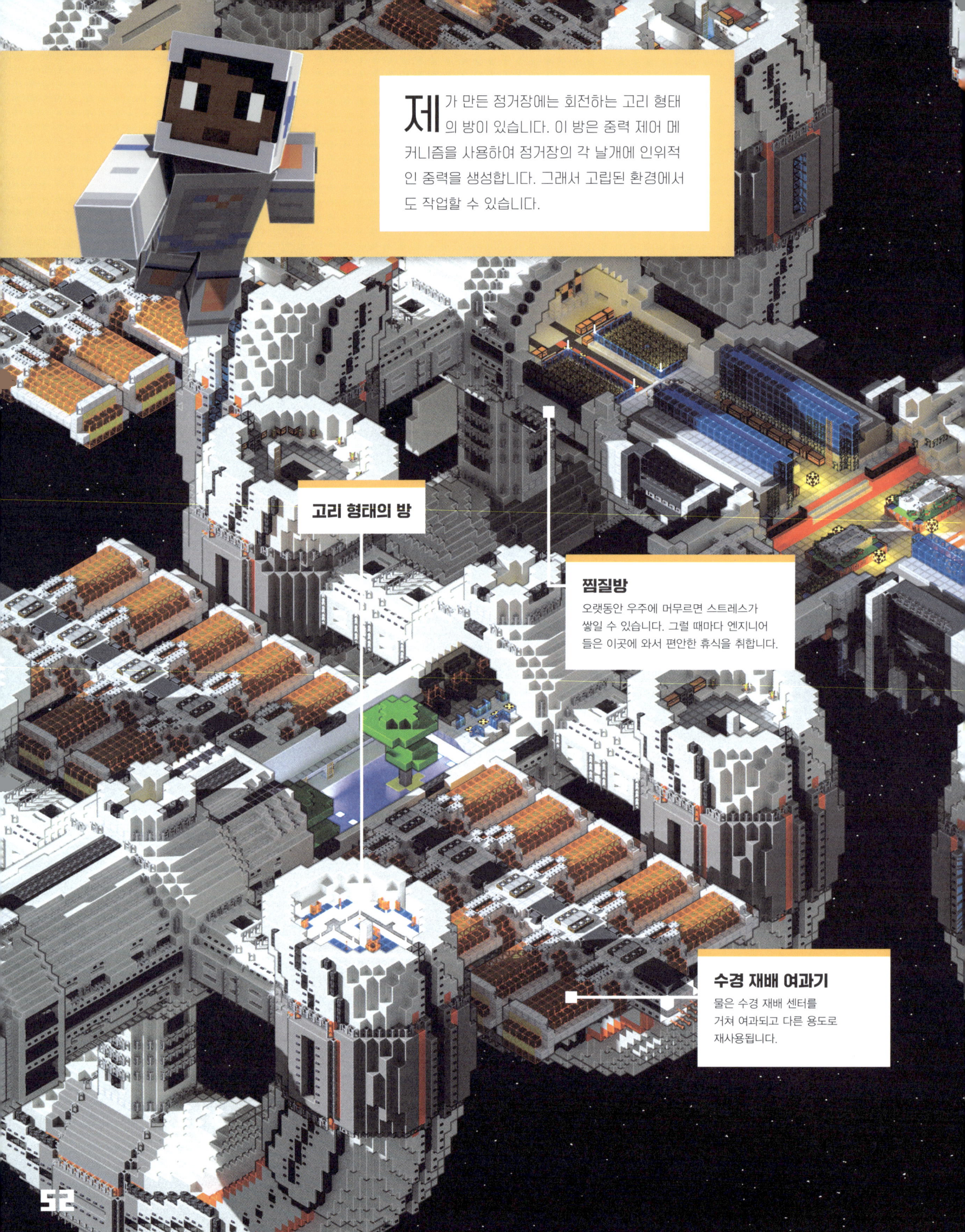

제가 만든 정거장에는 회전하는 고리 형태의 방이 있습니다. 이 방은 중력 제어 메커니즘을 사용하여 정거장의 각 날개에 인위적인 중력을 생성합니다. 그래서 고립된 환경에서도 작업할 수 있습니다.

고리 형태의 방

찜질방
오랫동안 우주에 머무르면 스트레스가 쌓일 수 있습니다. 그럴 때마다 엔지니어들은 이곳에 와서 편안한 휴식을 취합니다.

수경 재배 여과기
물은 수경 재배 센터를 거쳐 여과되고 다른 용도로 재사용됩니다.

녹색 공간

자동 농장

태양 전지판
수많은 태양 전지판이 태양광을 에너지로 쓸 수 있게 만듭니다.

내부

발명 들여다보기

제| 우주 정거장은 승무원들을 위한 기술의 총 집약체입니다. 대표적으로 정거장의 각 날개와 연결되어 있는 태양 전지판이 있습니다. 이 전지판은 발전기가 제대로 작동하지 않는 경우에도 생명 유지 장치가 돌아갈 수 있게 해 줍니다.

제어 다리

제어 다리는 우주 정거장 전반을 관리할 수 있는 곳으로 정거장에서 가장 중요한 방입니다. 수경 재배 센터부터 중력 제어기와 엔진 제어기에 이르기까지 중요한 지원 시스템을 모니터링하기 위해 세 가지 제어 모듈을 사용하고 있습니다. 완전 가동하려면 수백 명의 승무원이 필요합니다.

발광체

우주 속에서 패스파인더가 빛나도록 선체 곳곳에 바다 랜턴을 설치했습니다.

통신실

안테나를 통해 지상에 있는 팀원들과 통신할 수 있습니다. 저희는 새롭게 발견한 정보들을 이 안테나로 전송합니다.

엔진

엔진은 1초에 수천 블록을 이동할 수 있을 만큼 강력한 힘을 가졌습니다.

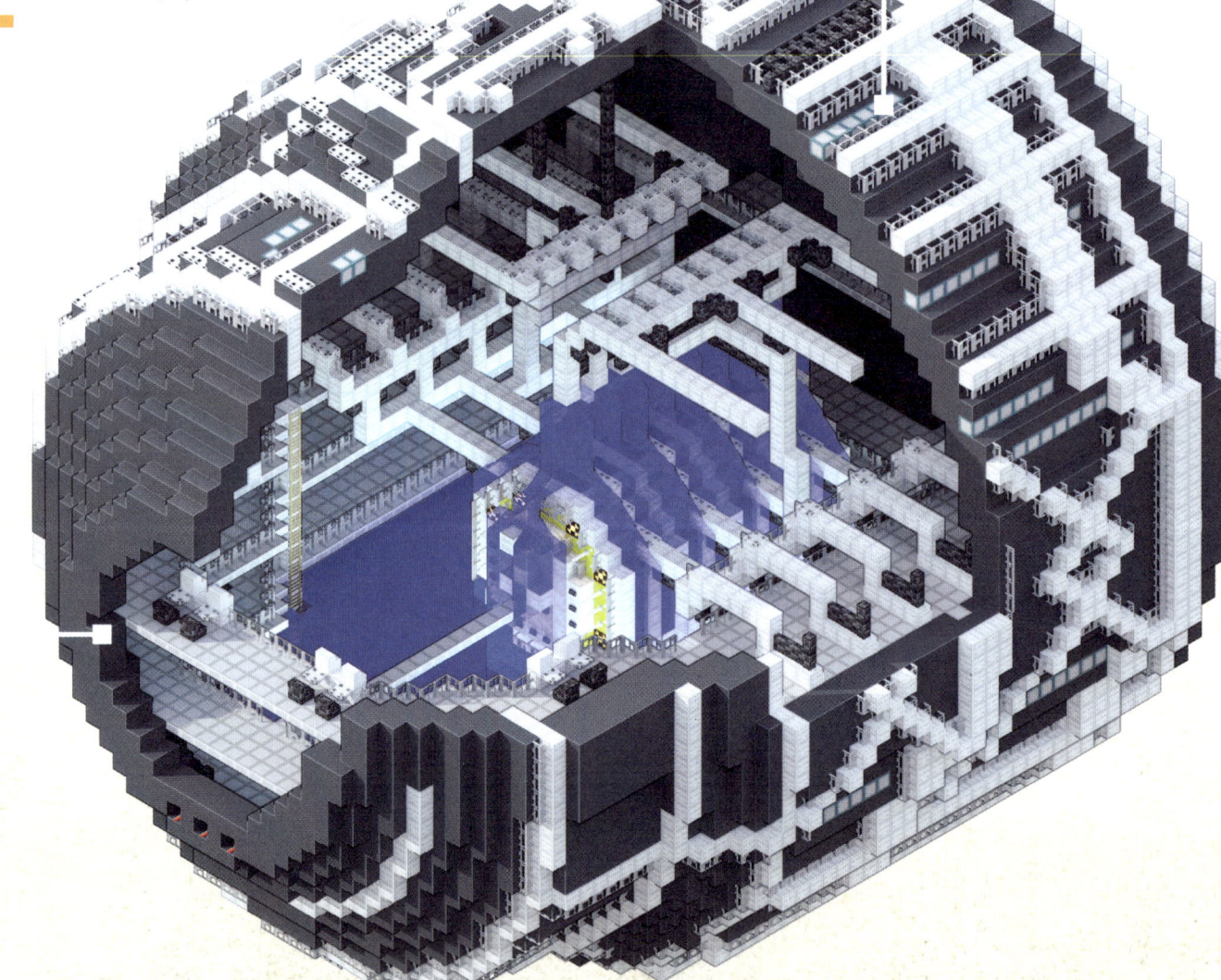

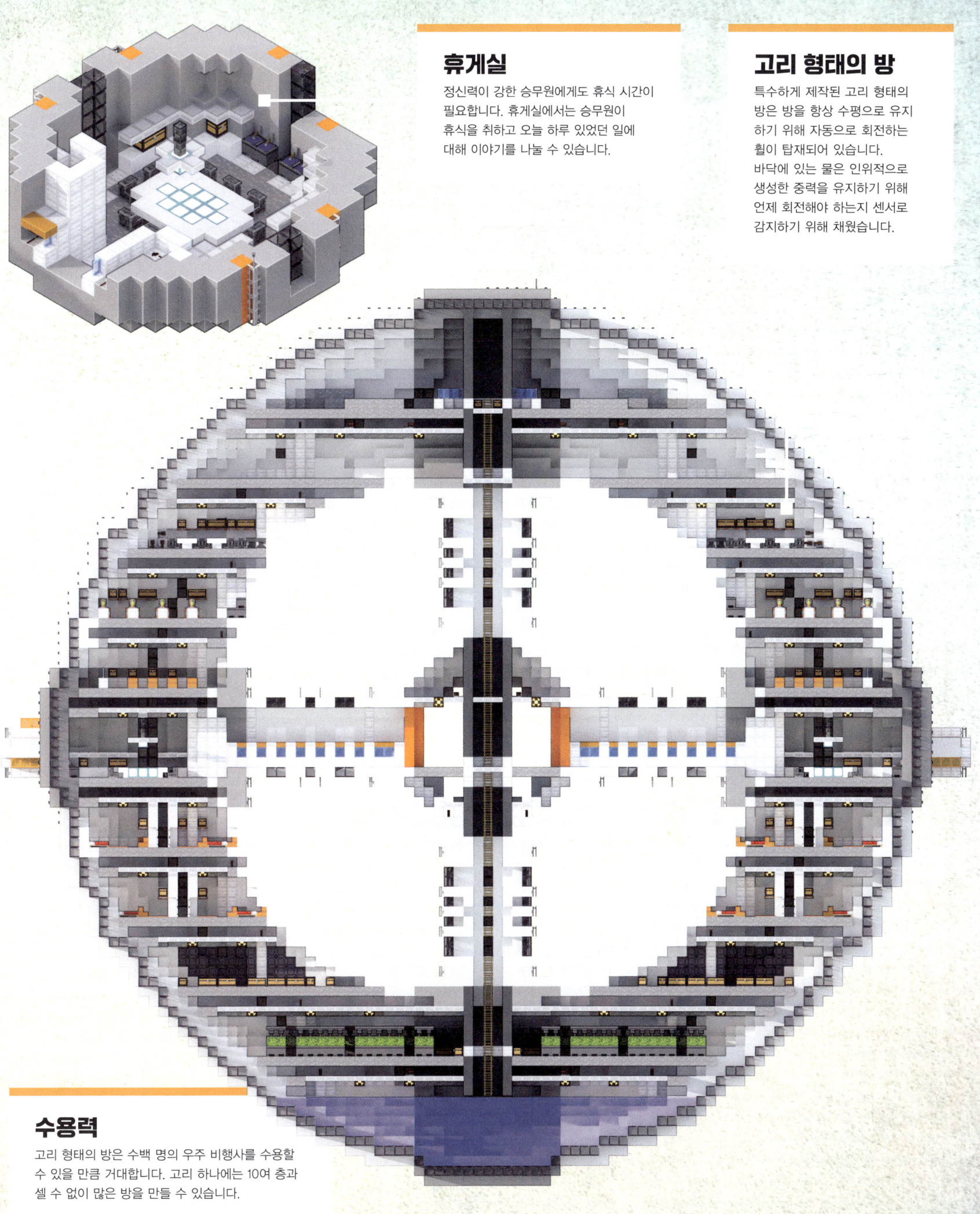

휴게실

정신력이 강한 승무원에게도 휴식 시간이 필요합니다. 휴게실에서는 승무원이 휴식을 취하고 오늘 하루 있었던 일에 대해 이야기를 나눌 수 있습니다.

고리 형태의 방

특수하게 제작된 고리 형태의 방은 방을 항상 수평으로 유지하기 위해 자동으로 회전하는 휠이 탑재되어 있습니다. 바닥에 있는 물은 인위적으로 생성한 중력을 유지하기 위해 언제 회전해야 하는지 센서로 감지하기 위해 채웠습니다.

수용력

고리 형태의 방은 수백 명의 우주 비행사를 수용할 수 있을 만큼 거대합니다. 고리 하나에는 10여 층과 셀 수 없이 많은 방을 만들 수 있습니다.

발명 들여다보기

우리의 항해 기간은 매우 길기 때문에 승무원들이 먹을 신선한 음식을 충분히 보관하는 것은 불가능에 가깝습니다. 그래서 저는 자동으로 작동하는 농장을 여러 개 지었습니다. 덕분에 모든 승무원이 바쁘더라도 식량에 대한 걱정을 접어둘 수 있습니다!

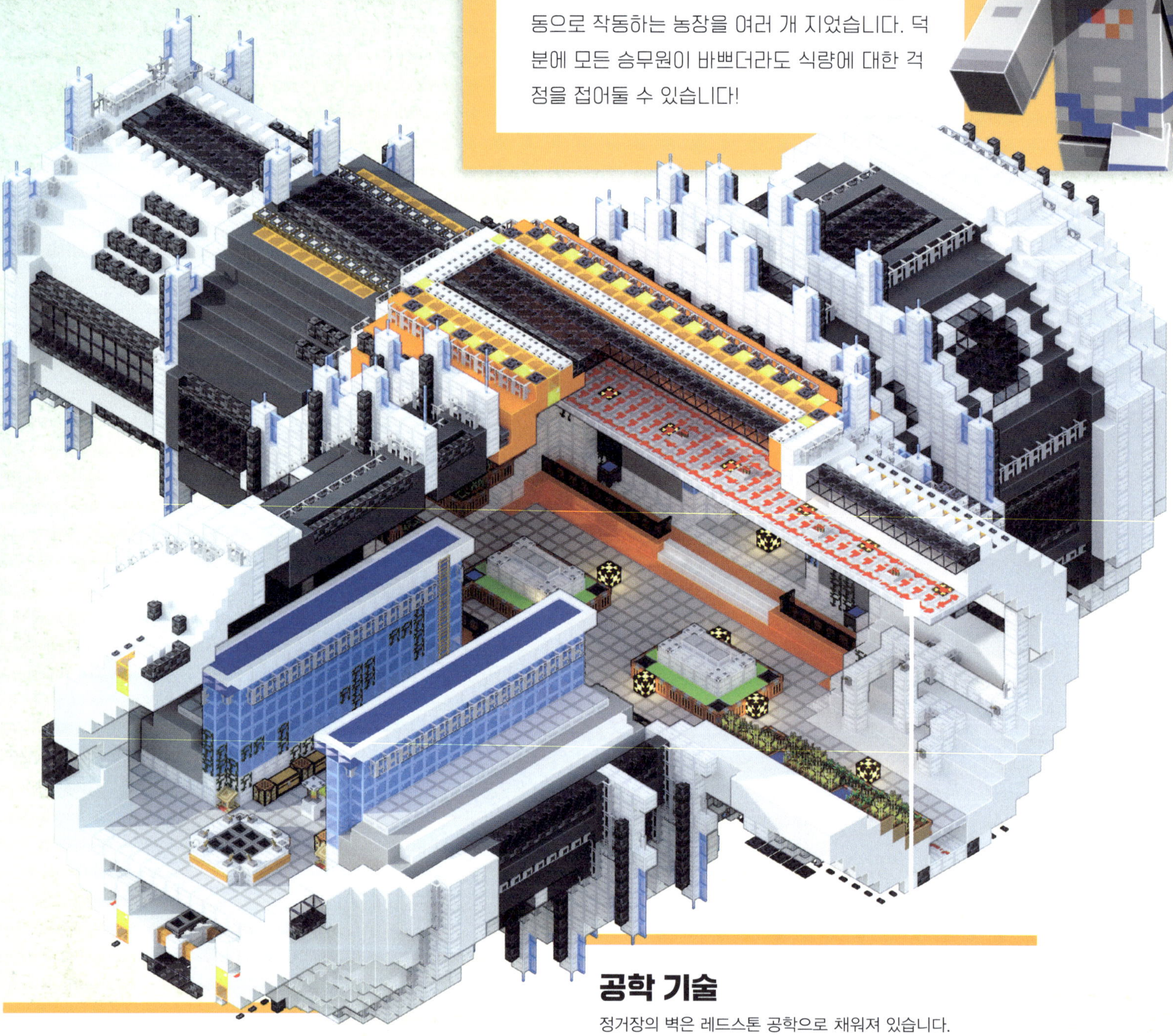

공학 기술

정거장의 벽은 레드스톤 공학으로 채워져 있습니다. 레드스톤 전력선을 통해 비상문에서부터 조명, 제어 다리에 있는 화장실에 이르기까지 정거장 내 모든 시설을 제어할 수 있습니다.

수경 재배

저희는 주로 수경 재배를 통해 농사를 짓고 있습니다. 이곳에서는 승무원이 먹을 켈프와 열매, 수박을 키우고 있습니다.

블록 선택하기

끝없는 심우주의 공허로 여행을 하다 보면 정거장은 우주 파편, 대기압, 영하의 온도 등 다양한 위협에 노출됩니다. 이 정거장은 내구성이 뛰어난 하얀색 소재로 지어져 안전하게 이동할 수 있습니다.

| 하얀색 콘크리트 | 주황색 콘크리트 | 회색 콘크리트 | 금 블록 | 철창 |

열매 농장

달콤한 열매는 훌륭한 비타민 C 공급원으로, 승무원들의 괴혈병 발병을 예방하는 데에 필수적인 식품입니다.

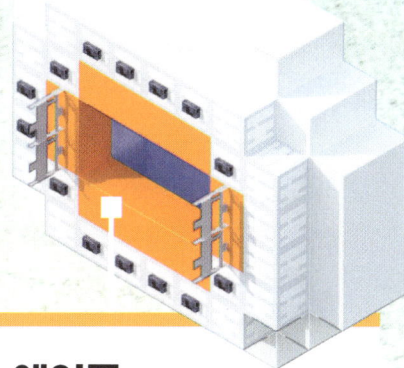

켈프 농장

켈프는 빠르게 자라는 식량 공급원으로, 제약이 많은 공간에서 키우기 좋은 작물입니다. 켈프는 연료로도 쓸 수 있어, 엔진에 추력이 더 필요한 상황에 켈프 블록을 써서 앞으로 나아갈 수 있습니다.

에어록

에어록은 승무원이 정거장으로 들어오거나 수리를 위해 정거장에서 나올 수 있게 해 주는 장치입니다. 정거장의 진공 상태를 손상시키지 않으려면 완벽하게 밀폐되어 있는 문 2개를 차례로 통과해야 합니다.

켈프 키우기

켈프가 자라면 관측기가 활성화되어 피스톤이 작동되면서 켈프가 수확됩니다. 수확된 켈프는 모으기 쉽도록 수면 위로 떠오릅니다.

수박 농장

수박은 줄기 하나만 있으면 사실상 무한하게 과실을 수확할 수 있어, 우주 정거장에서 키우기에 적합한 작물입니다. 다 자란 수박을 자동으로 수확하고 광산 수레에 모으기 위하여 수박이 열릴 자리 위에다가 관측기와 피스톤을 설치했습니다. 반짝이는 수박 조각은 치유의 물약 재료로 사용되어, 승무원이 다칠 경우에도 대비할 수 있습니다.

태양광 발전기

태양 전지판은 정거장을 움직이는 주요 동력입니다. 전지판 80개를 이어 붙여 만든 태양광 발전기는 별에서 나오는 에너지를 엔진에 들어갈 연료로 바꿔 줍니다.

장난감 세상

지금 어디에 있냐고요? 제가 자는 방에 있어요! 제가 만든 세계는 제가 실제로 사용하는 침실을 그대로 본떠서 만들었어요… 모든 게 실제보다 훨씬 크다는 점이 유일한 차이점이죠. 여기는 아주 재미있는 게임들로 가득하지만, 이동하기가 조금 어려워요. 제 발명품은 방 구석구석에 배치했어요. 보세요. 책상 서랍에도 하나가 있죠? 진짜 내 방도 이랬더라면 좋을 텐데!

실내 정원

파쿠르 벽
선반 위에 올라가려면 파쿠르 벽을 타고 올라가야 해요.

구조물 미니어처

새턴 V 로켓

서랍 속 미로

다이어리 기념물

마이크 로스코픽
미니어처 공예가

돼지 저금통

조명 모양 기차역
기차역에서 광산 수레를 타고 이불을 건너가세요.

침대맡 대저택

엘리베이터
엘리베이터를 이용하면 침대 위로 아주 빠르게 올라갈 수 있어요.

발명 들여다보기

제 방은 저만의 공간이니까 제가 좋아하는 물건들로 가득 채웠어요. 구조물 미니어처와 새턴 V 로켓은 제가 직접 만든 거예요! 그래서 이것들은 잘 보이도록 선반 위에 올려놓았어요. 그리고 저는 돼지 저금통을 종류별로 수집하고 있답니다.

수족관
유리 블록으로 수족관을 만들었어요. 수조 내부는 켈프와 산호로 채웠고 물고기가 가지고 놀 수 있는 장식들도 넣었죠.

돼지 저금통 컬렉션
저는 취미로 돼지 저금통을 수집해요. 좋아하는 몹 모양의 저금통을 종류별로 하나씩 갖고 있어요. 돼지부터 닭, 양, 엔더맨, 스켈레톤, 여우, 좀비까지 말이죠! 저금통의 아랫면에는 다락문이 있어 내용물을 비울 수도 있어요.

크리퍼 인형
꼭 껴안고 싶은 크리퍼 인형이에요! 본체는 가장 부드러운 초록색 양털과 회색 양털로 만들고, 풍선껌은 분홍색 양털로 만들었어요.

노트북
진정해요, 진짜 노트북은 아니에요. 제 방에 있어서 여기에도 만든 거예요. 저는 이 노트북으로 마인크래프트를 플레이해요.

분재
분재는 일부러 작게 가꾼 나무를 말해요. 이 분재는 제가 몇 년에 걸쳐서 손질한 아카시아 나무 분재예요.

마을

침대 밑은 수시로 청소해 주는 것이 좋아요. 그렇지 않으면 어떤 것이 들어와서 살지 알 수 없어요! 지난번에 청소를 안 했더니 마을 미니어처로 이사 온 주민들이 침대 밑에 있더라고요.

달력

중요한 날이 생기면 달력에 기록을 해 둬요. 이번 달에는 정말로 중요한 날이 있어요. 바로 제 생일이에요!

블록 선택하기

제 침실은 활기가 넘치는 곳이기 때문에 밝은 색상을 많이 사용했어요. 침대는 지금까지 본 것 가운데 가장 부드러운 양털로 만들었고 모든 가구는 나무로 만들었어요.

- 하늘색 양털
- 노란색 양털
- 초록색 콘크리트
- 유리
- 짙은 참나무 판자

새턴 V 로켓

제가 만든 로켓이에요! 새턴 V 로켓은 원래 우주인을 달로 보내기 위해 만든 로켓이에요. 몸통은 콘크리트와 철창과 버튼, 엔진 부분은 가마솥, 머리 부분은 피뢰침으로 만들었어요.

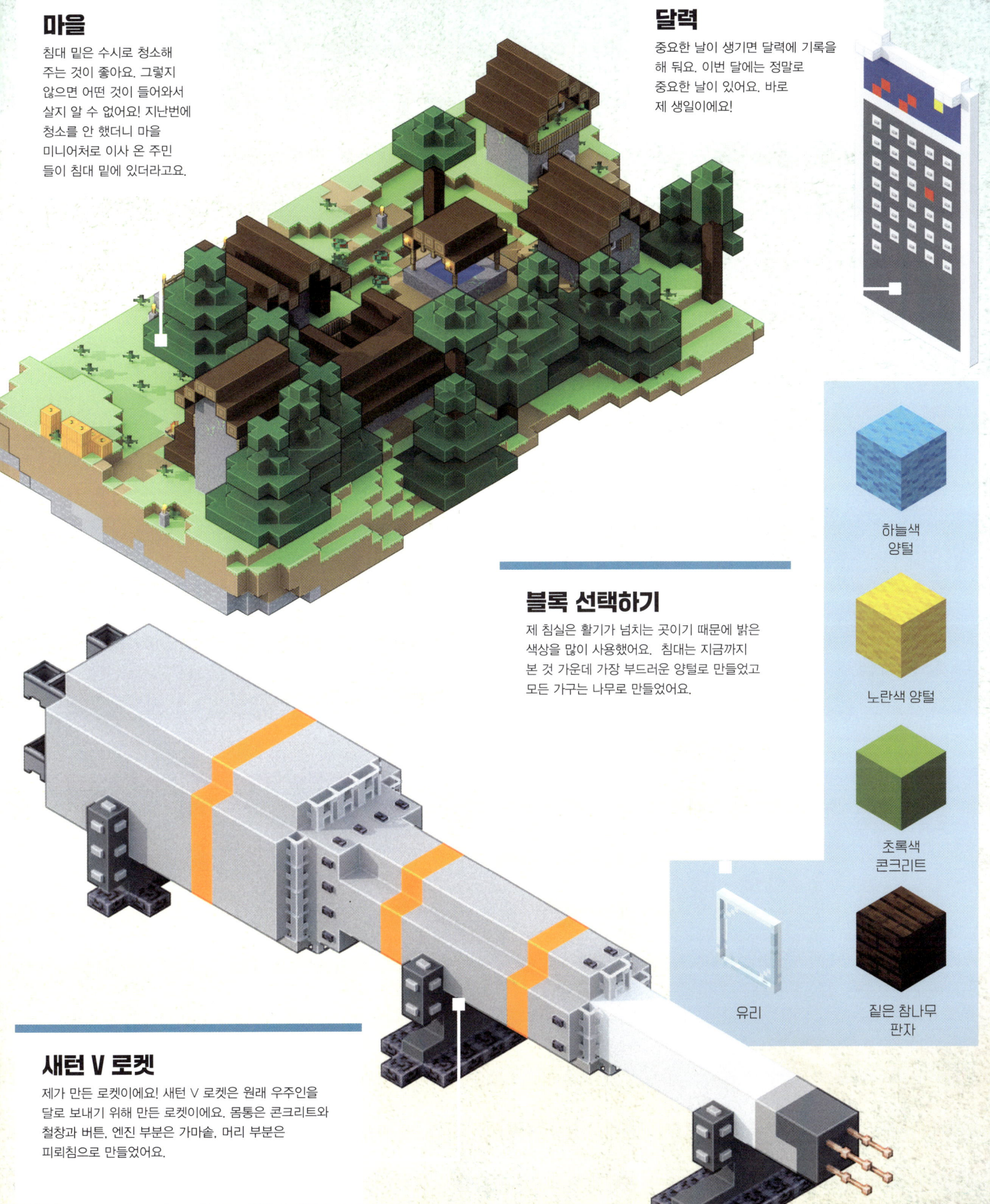

61

발명 들여다보기

제침실은 기차, 포스터, 돼지 저금통 등 멋있는 물건들로 가득해요! 하지만 플레이어 입장에서는 크기가 너무 크기 때문에 빠르게 이동할 수 있는 발명품을 많이 만들었어요. 제가 만든 발명품을 모두 찾아보세요.

서랍 속 미로
서랍에 있는 미로를 통과하면 책상에 올라올 수 있어요. 서랍마다 있는 미로를 통과해야 다음 층으로 올라가는 계단을 밟을 수 있어요.

달리기 포스터
커다란 벽에 무지개색 포스터를 만들면서 달리기를 할 수 있는 미니게임을 만들었어요. 가장 빠른 길은 아니지만, 점프하는 것보다는 재미있는 길이에요!

파쿠르 벽
실내 정원에 가려면 벽을 따라 점프하고 뛰어야 해요. 떨어지지 않도록 조심하세요. 침대가 아무리 포근해 보여도 여기서 떨어지면 아플 거예요.

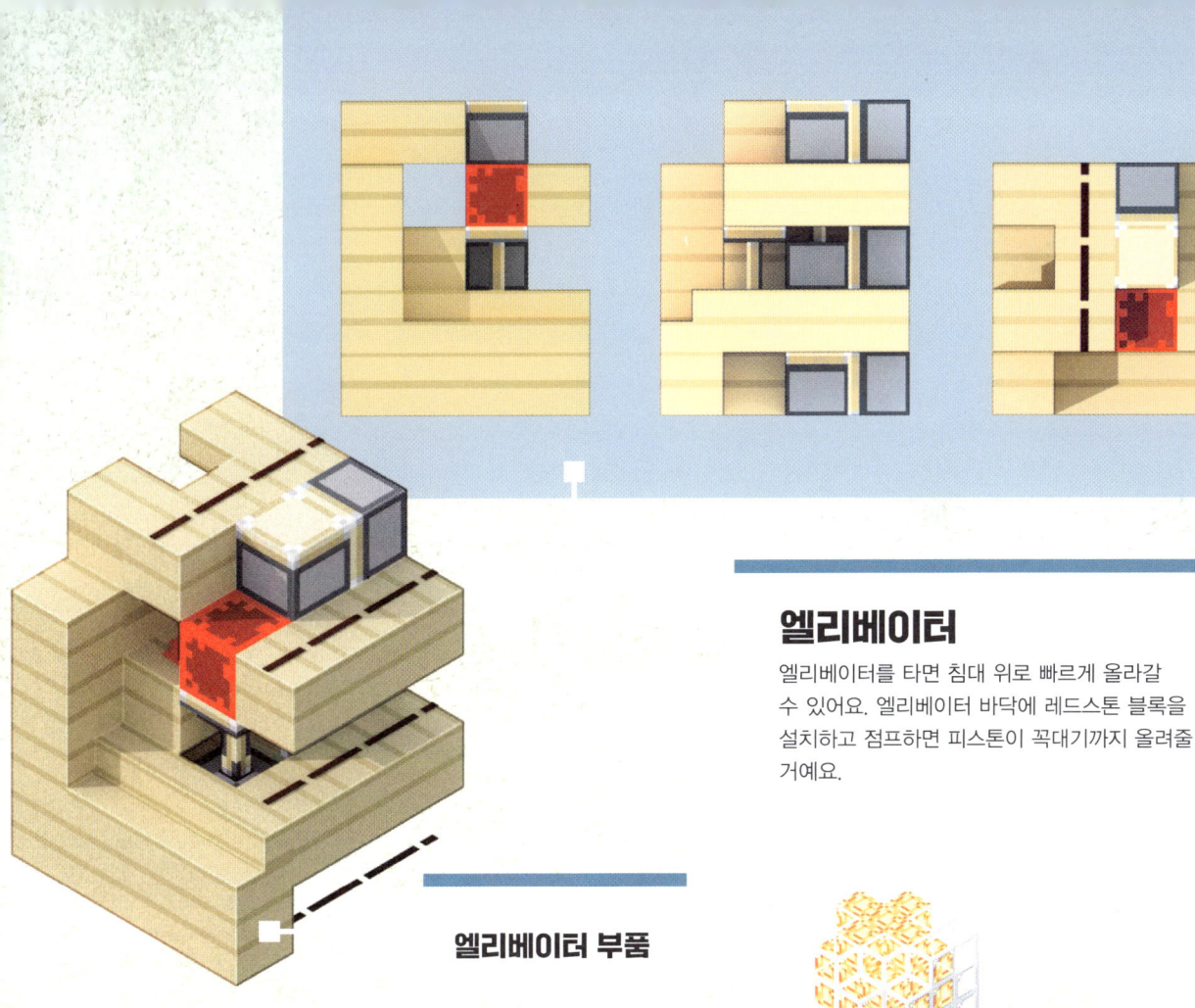

엘리베이터

엘리베이터를 타면 침대 위로 빠르게 올라갈 수 있어요. 엘리베이터 바닥에 레드스톤 블록을 설치하고 점프하면 피스톤이 꼭대기까지 올려줄 거예요.

엘리베이터 부품

조명 모양 기차역

조명 모양 기차역에 가려면 침대 옆에 있는 서랍장으로 올라가세요. 여기서 기차를 타면 이불을 가로질러 제 방에 있는 명소에 한 번씩 가 볼 수 있어요. 다이어리 기념물을 감상하고, 실내 정원에 들어가 보고, 서랍 속 미로를 깨 보세요. 열차에 올라타기만 하면 전동 레일을 따라 여행을 떠날 수 있어요.

통통 튀어 오르는 베개

저는 침대 위에서 뛰는 것을 좋아해요. 정말 재밌어요! 그래서 여기서는 베개에서 뛸 수 있게 만들었어요. 돼지 저금통이 있는 선반에 올라간 다음 닭 부리에서 밑에 있는 슬라임 블록으로 뛰어내려서 드높이 도약해 보세요.

해골 산

섬에 온 걸 환영한다! 들어가기 전에 먼저 비밀을 엄수하겠다는 서약을 해야 해. 이 섬에는 눈에 보이는 것 그 이상의 것이 있고, 어떤 상황에서도 다른 발명 전문가들이 내 사악한 계획에 대해 알게 되어서는 안 되거든. 음하하! 바로 그거야! 그들은 선량한 호기심으로 발명품을 만들지만, 나는 이 왕국을 장악하기 위해 발명품을 만들지! 이 섬 지하에는 나만의 비밀 은신처가 있어.

일광욕장
내 동료 발명가들은 연휴 때마다 이곳을 찾아. 자신이 일광욕을 하고 있는 자리 밑에 무엇이 숨겨져 있는지도 모르는 채 말이지.

섬 선착장
튼튼한 선착장이 있어야 가끔씩 발생하는 열대성 폭풍에도 요트를 안전하게 지킬 수 있지.

방금까지 본 리조트 시설은 이 섬의 껍데기에 불과해. 이제 이 섬의 진가를 보여주지. 바로 비밀의 소굴이야! 그 누구도 섬의 이름이 된 해골 산 밑에 내가 TNT 로켓을 숨기고 있는 줄은 상상도 하지 못할 거야!

사악한 도서관
이 도서관에는 악당이 되기 위해 필요한 대부분의 서적이 있어. 사악한 일을 벌이고 싶을 때면 이곳을 찾아 아이디어를 얻지.

크리퍼 농장
이곳은 화약을 구하기 위해 크리퍼를 키우는 곳이야.

발명 들여다보기

비밀의 소굴에는 내 군대를 위한 훈련장과 왕국을 파괴하는 무기를 만드는 데에 쓸 화약 농장이 있어. 지상에는 리조트를 찾은 손님들을 위해서, 그리고 소굴의 존재를 알아차리지 못하게 하기 위해서 건물들을 세웠지!

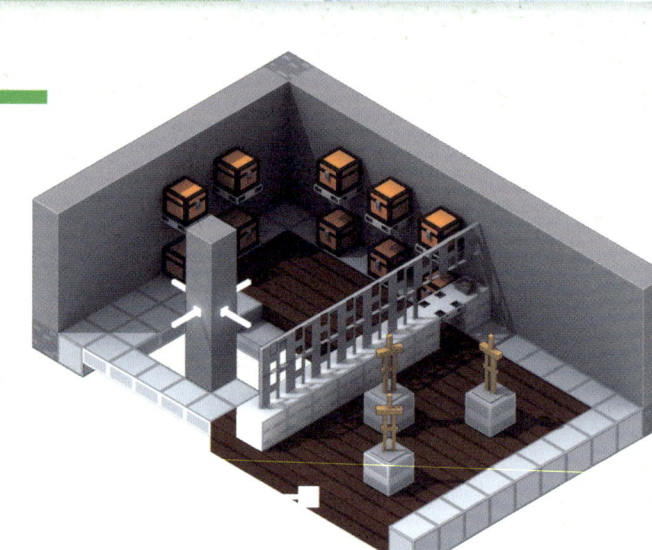

전투 훈련장

왕국을 제대로 점령하기 위해서는 어떤 전사들 보다도 많은 훈련을 한 군대가 필요하지. 우리 군대의 기량을 증진시키기 위해 고된 훈련을 실시하고 있어.

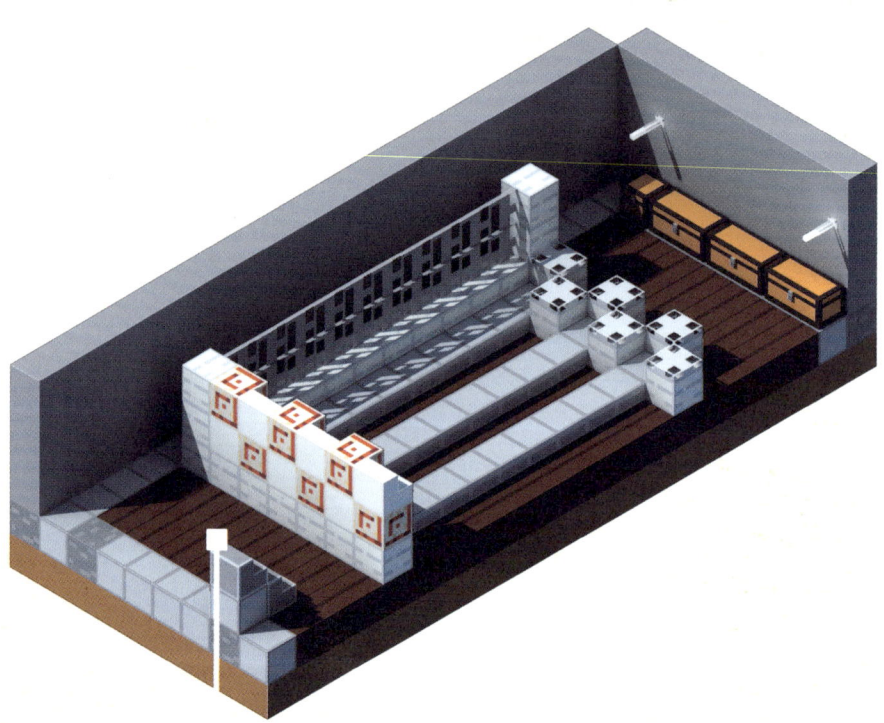

TNT 로켓

내 사악한 계획이 틀어져서 소굴이 발견되더라도 문제없어. 로켓을 타면 아주 멀리 도망갈 수 있거든. 별까지 날아갈 수 있을 만큼 많은 TNT가 준비되어 있어.

사격장

주의를 끌고 싶지 않아서 사격장도 소굴 안에 숨겨 놓았어. 내 군대는 보안이 유지되는 이 방에서 활과 쇠뇌로 조준 실력을 연습해. 과녁을 빗나간 화살을 철창이 막아주기 때문에 누가 다칠 염려가 없어.

해골 사일로

이 해골에는 놀라운 것이 숨겨져 있지! 지하실 밑에 TNT 로켓이 있어! 때가 되면 해골이 반으로 쪼개지면서 밑에 숨겨진 로켓이 모습을 드러내. 나는 거기에 타서 카운트다운을 시작하면 얍삽하게 탈출할 수 있지.

화덕

화롯불에 마시멜로를 구워 먹는 것을 싫어하는 사람이 세상에 있을까? 사악한 계획에 필요한 자금을 대기 위해 손님들이 돈을 쓸 만한 것이 필요했어.

부두

머리 위를 날아다니다가 의심을 살 만한 행동은 하고 싶지 않았어. 그래서 이 섬은 보트를 통해서만 접근할 수 있지.

모래 | 회색 콘크리트
하얀색 콘크리트 | 짙은 참나무 판자
돌 | 매끄러운 석영 반 블록

블록 선택하기

내 기지는 휴양지와 악의 소굴 두 가지 기능을 수행하기 때문에 다양한 블록을 사용했어. 따뜻한 모래부터 차갑고 견고한 콘크리트까지 온갖 블록을 썼지.

발명 들여다보기

비밀 문

악의 소굴은 숨겨진 철문을 통해서만 접근할 수 있어. 이 철문은 비교기에 의해 제어되고 있지. 문을 열기 위해서는 독서대에 책을 올려놓아서 철문으로 레드스톤 신호를 보내는 비교기를 활성화해야 해.

내 침략 계획은 화약 없이는 이룰 수 없어서 화약을 충분히 모으기 위해 크리퍼 농장을 만들었어. 아무도 내 계획을 알아차리지 못하게 하기 위해 농장도 꽁꽁 숨겨 놓았어.

크리퍼 농장

크리퍼 농장에서는 크리퍼가 생성되고 죽으면서 나오는 전리품을 자동으로 모아줘. 화약이 필요하다면 너도 이 농장을 만들어 봐.

제작 과정

단계를 따라 자신만의 크리퍼 농장을 만들어 보세요. 크리퍼가 생성되는 곳에는 빛이 들어오지 않으므로 지상과 지하에 모두 만들 수 있습니다.

1

25×20 크기의 농장 기초를 만듭니다. 그림과 같이 기초 안에 큰 상자와 호퍼 2개를 설치합니다. 이곳에 수집실을 만들 것입니다.

2

구조물을 만들 자리는 남겨두고 돌 블록 2겹을 추가합니다.

3

호퍼 근처에 유리 블록 6개를 설치하여 통로를 폐쇄합니다. 그런 다음 그림과 같이 통로의 양면에 표지판 2개를 설치합니다.

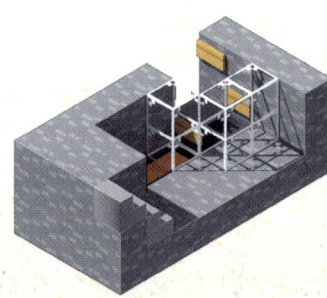

70

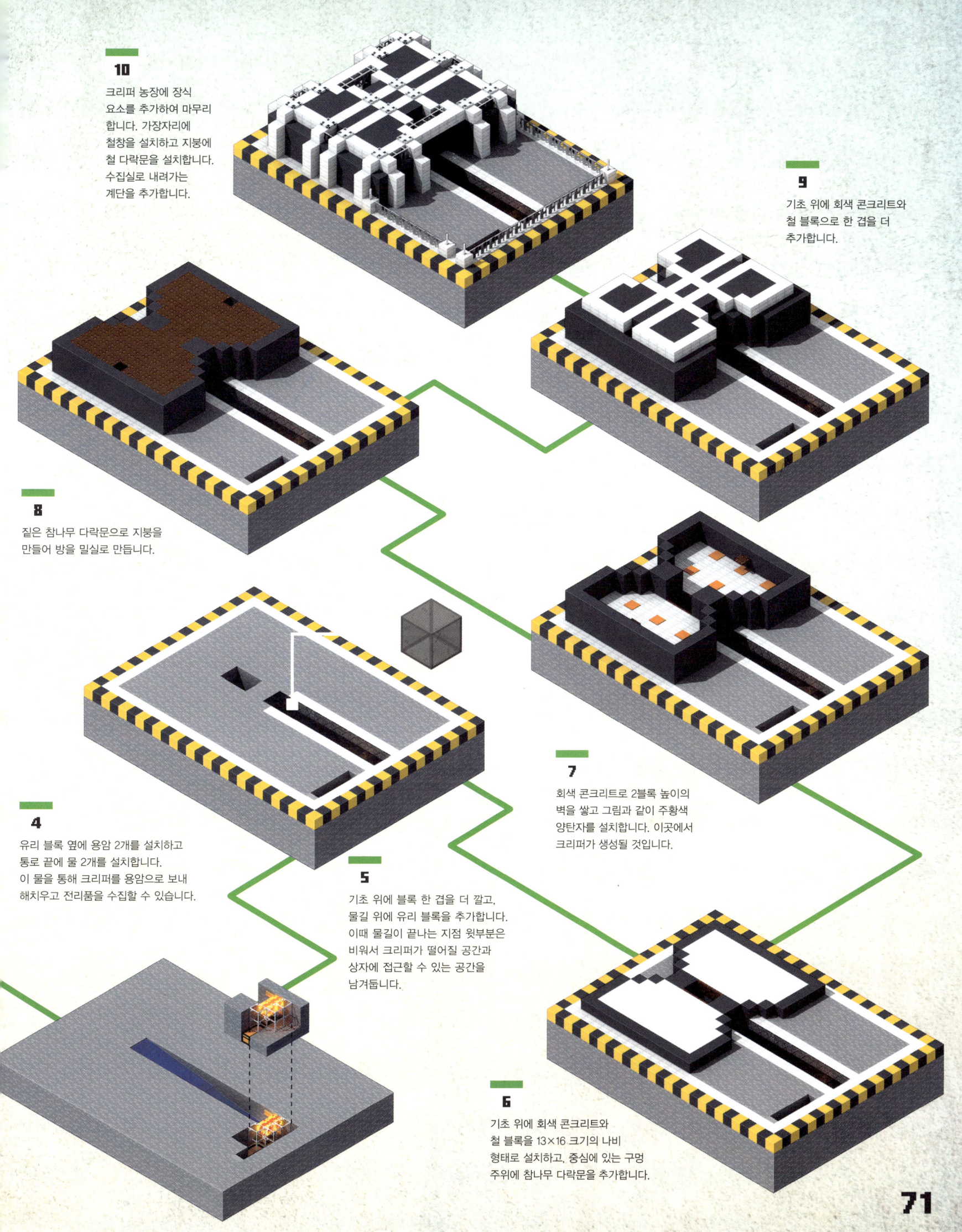

다이아몬드 미로

게임을 하고 싶나요? 다이아몬드 미로에 들어오세요! 이곳은 게임 행사를 위해 지은 건물이고 저는 이 행사 진행을 맡은 페르 플렉스입니다. 규칙은 간단합니다. 맨 아래에서 시작해서 맨 위로 가세요. 각 층의 퍼즐을 풀고 레드스톤 횃불을 모아 챔피언의 방에 도달하는 것이 이 게임의 목표입니다. 퍼즐을 많이 풀수록 더 큰 보상을 받을 수 있습니다!

등반용 탑
미로의 끝에서 여러분을 기다리고 있습니다. 이 탑을 올라 챔피언의 방으로 가세요.

입구

분수대
분수대는 건물 주위에 우아함과 아름다움을 더해 줍니다.

외부

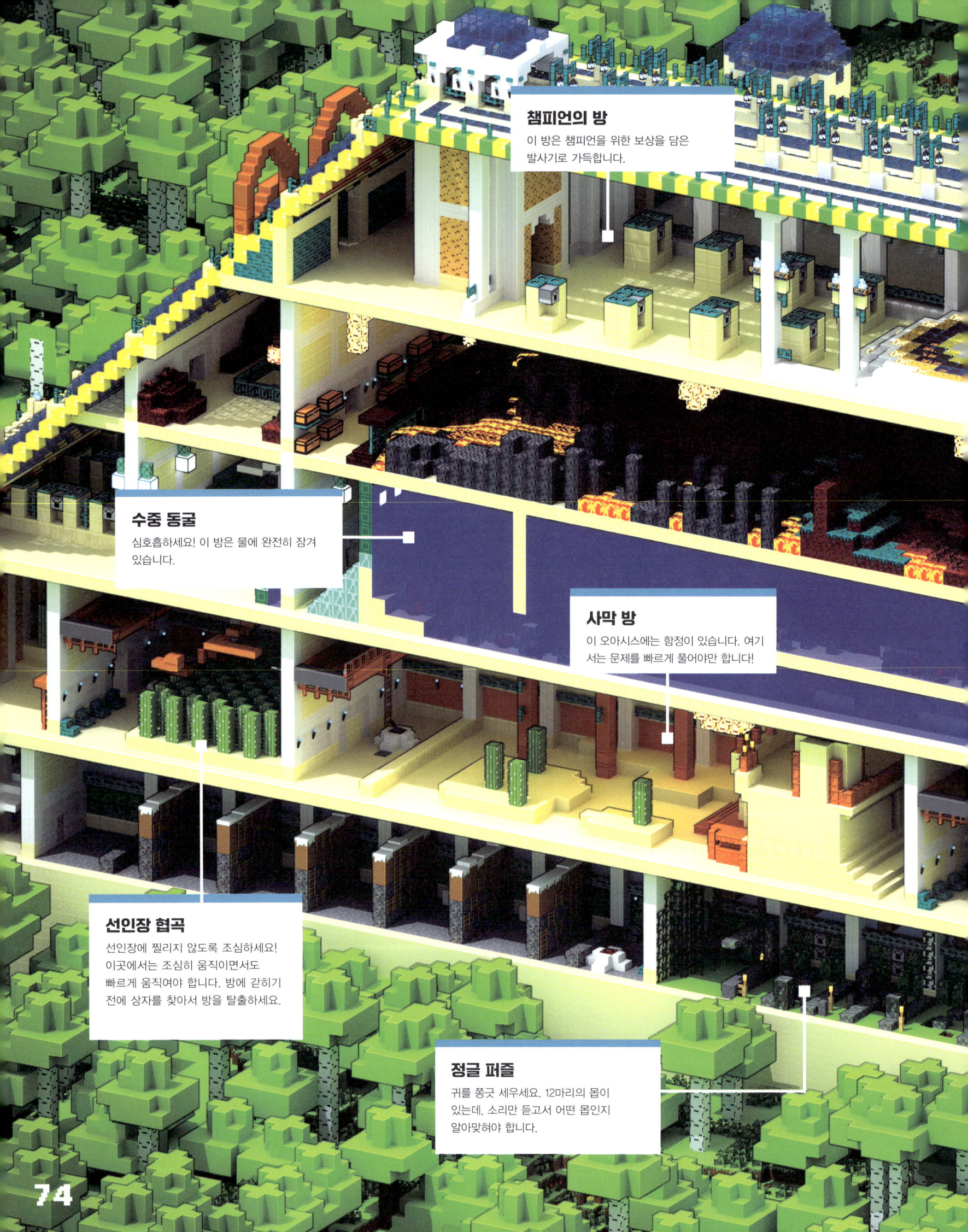

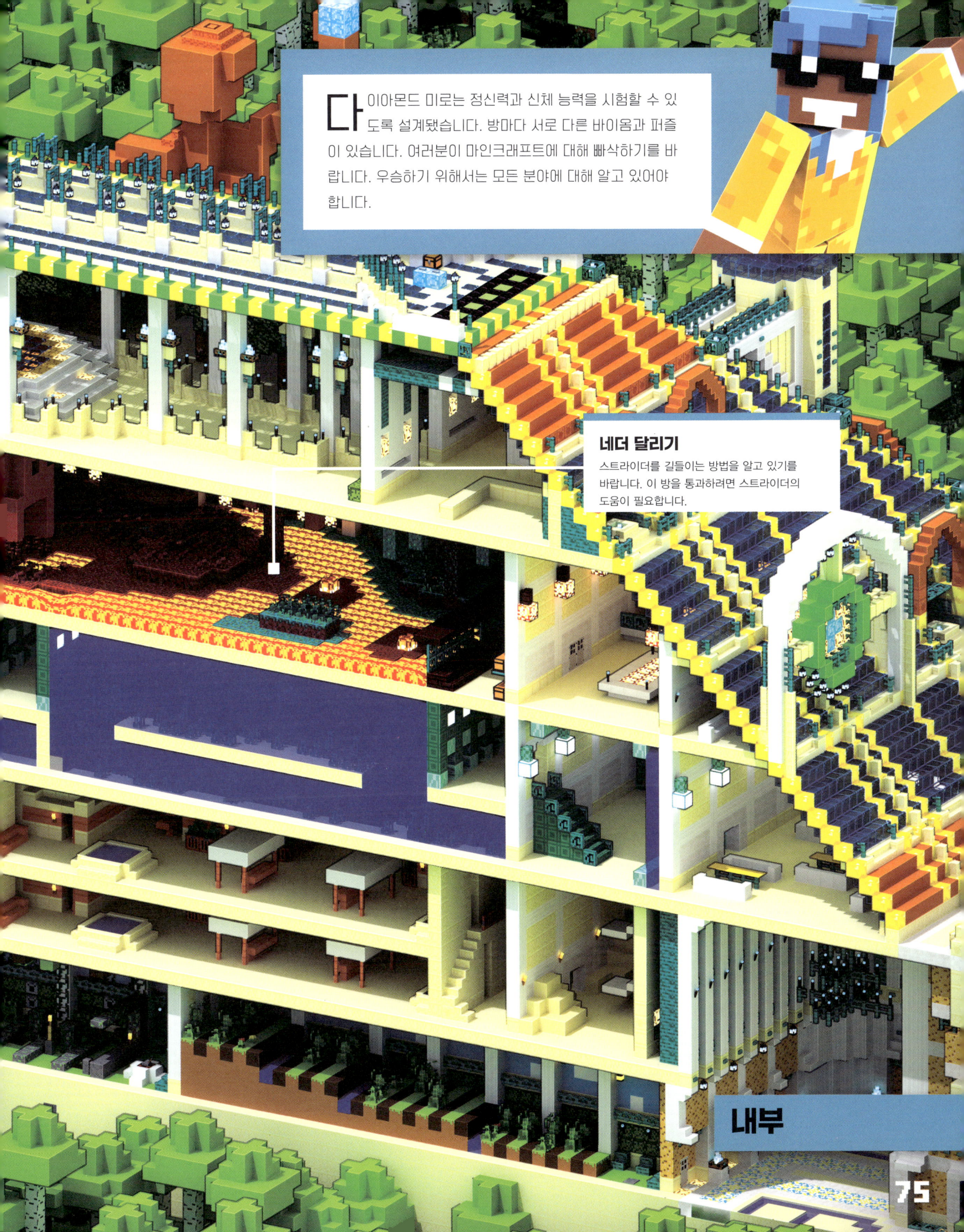

다이아몬드 미로는 정신력과 신체 능력을 시험할 수 있도록 설계됐습니다. 방마다 서로 다른 바이옴과 퍼즐이 있습니다. 여러분이 마인크래프트에 대해 빠삭하기를 바랍니다. 우승하기 위해서는 모든 분야에 대해 알고 있어야 합니다.

네더 달리기
스트라이더를 길들이는 방법을 알고 있기를 바랍니다. 이 방을 통과하려면 스트라이더의 도움이 필요합니다.

내부

발명 들여다보기

마인크래프트에서 다이아몬드는 파랗게 빛납니다. 제가 만든 각이 진 지붕도 그렇고요! 수많은 금과 에메랄드 블록부터 새파랗게 염색된 유리와 섬세하게 조각된 사암에 이르기까지 이 건물에 사용된 블록들은 사치의 극치란 무엇인지 보여줍니다.

영혼 모닥불

제 건물은 밤에 더 멋있게 보입니다. 지붕에 늘어선 벽감 안에는 영혼 모래가 있기 때문입니다. 그래서 어둠이 드리워도 멀리서 제 화려한 건물을 볼 수 있죠!

외부 장식

실내에 얼마나 좋은 물건이 있는지 보여줘야 할 때에는 제 건물 양끝에 있는 장식용 고리를 참고하세요. 이 고리를 만들기 위해 비용을 아끼지 않고 에메랄드와 다이아몬드 블록으로 만들었습니다.

입구

게임 행사를 시작하기 전에 참가자들은 이곳에 모입니다. 함께 여정을 시작하기 전에 서로의 강점에 대해 잠깐 동안 이야기를 나눌 수 있습니다.

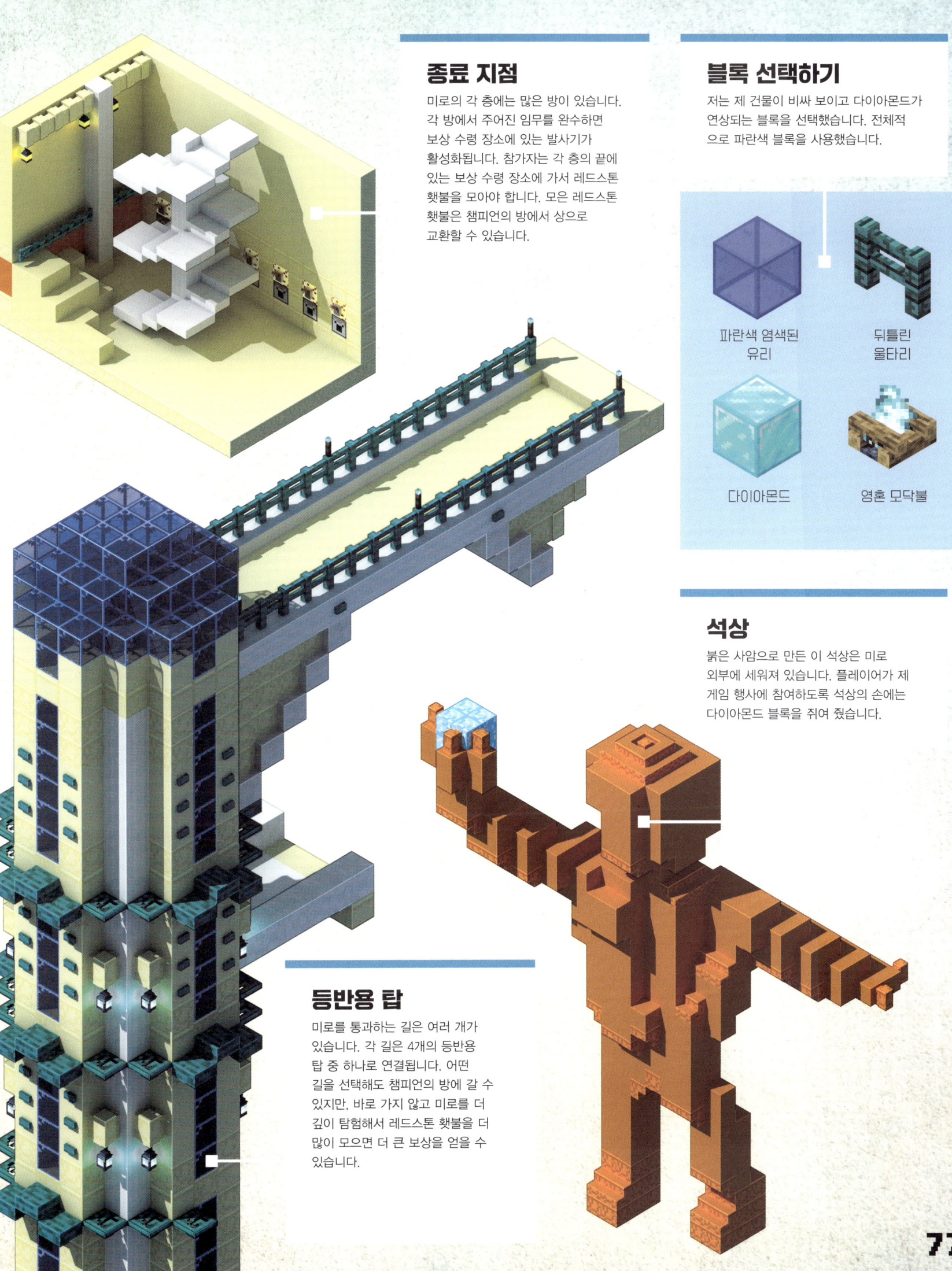

종료 지점

미로의 각 층에는 많은 방이 있습니다. 각 방에서 주어진 임무를 완수하면 보상 수령 장소에 있는 발사기가 활성화됩니다. 참가자는 각 층의 끝에 있는 보상 수령 장소에 가서 레드스톤 횃불을 모아야 합니다. 모은 레드스톤 횃불은 챔피언의 방에서 상으로 교환할 수 있습니다.

블록 선택하기

저는 제 건물이 비싸 보이고 다이아몬드가 연상되는 블록을 선택했습니다. 전체적으로 파란색 블록을 사용했습니다.

파란색 염색된 유리
뒤틀린 울타리
다이아몬드
영혼 모닥불

석상

붉은 사암으로 만든 이 석상은 미로 외부에 세워져 있습니다. 플레이어가 제 게임 행사에 참여하도록 석상의 손에는 다이아몬드 블록을 쥐여 줬습니다.

등반용 탑

미로를 통과하는 길은 여러 개가 있습니다. 각 길은 4개의 등반용 탑 중 하나로 연결됩니다. 어떤 길을 선택해도 챔피언의 방에 갈 수 있지만, 바로 가지 않고 미로를 더 깊이 탐험해서 레드스톤 횃불을 더 많이 모으면 더 큰 보상을 얻을 수 있습니다.

발명 들여다보기

미로를 통과하려면 여러 방에서 주어지는 임무를 완수해야 합니다. 참가자의 문제 해결 능력을 제대로 시험하기 위해 저는 다양한 퍼즐을 준비했습니다. 각 퍼즐은 빠르게 풀어야 합니다. 몇몇 방에서는 퍼즐을 푸는 데에 시간이 오래 걸릴 경우 안에 갇힐 수 있습니다!

겉날개 발사대

챔피언의 방으로 올라가 보상을 수령한 다음에는 자신이나 팀원과 함께 멋을 부리며 다이아몬드 미로에서 빠져나올 수 있습니다. 겉날개 발사대로 올라가 박수갈채 소리와 불꽃놀이 사이를 날아가세요!

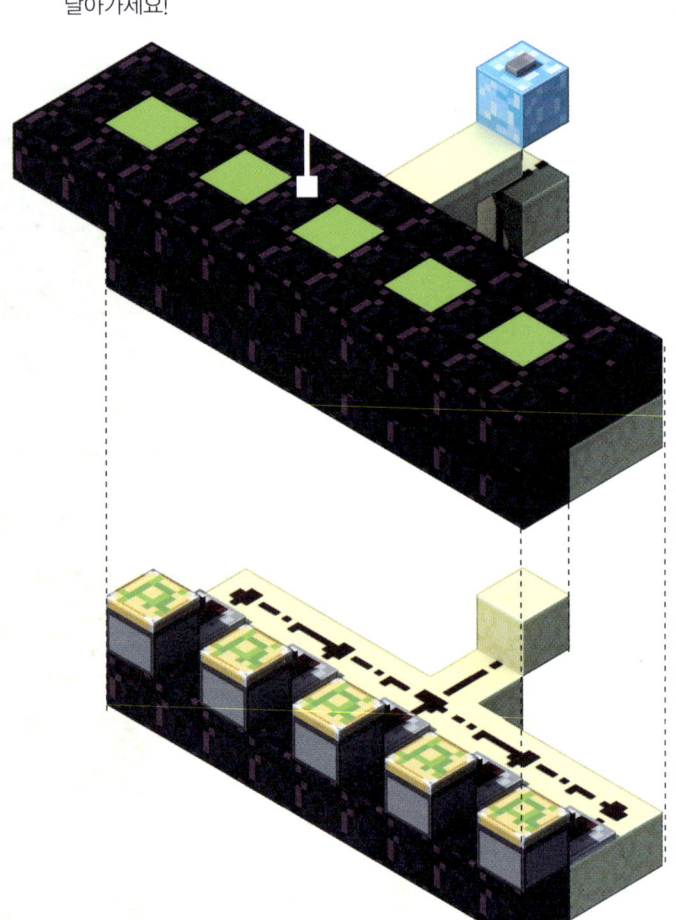

수수께끼 단서

예리한 눈을 가진 플레이어는 레버 퍼즐 옆에 있는 기둥에 관심이 갈 텐데요. 울타리에 있는 기둥은 레버를 당겨야 하는 횟수를 알려 줍니다.

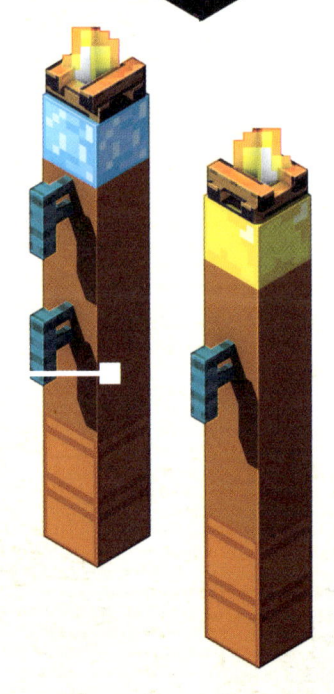

레버 퍼즐

이 퍼즐을 풀기 위해서는 레드스톤 수수께끼를 풀어야 합니다. 문을 열고 상자를 열기 위해서는 레버 6개를 정확한 순서로 당겨야 합니다.

타임어택

플레이어가 퍼즐을 푸는 시간을 제한하기 위해 호퍼와 비교기를 사용하여 타임어택 장치를 만들었습니다. 호퍼를 사용하여 타이머를 만들고 마지막 호퍼가 채워지면 잠금장치가 작동하도록 회로를 구성했습니다. 타이머의 길이는 마지막 중계기의 위치를 가깝게 움직이거나 비교기를 멀리 옮겨서 조정할 수 있습니다. 시간이 다 될 때까지 방에서 퍼즐을 풀지 못하면 문이 닫히고 퍼즐 안에 갇히게 됩니다.

1

레버를 당기면 끈끈이 피스톤이 당겨집니다. 이렇게 하면 레드스톤 횃불이 활성화되어 호퍼의 잠금이 풀리고 다시 제한 시간을 세기 시작합니다.

2

호퍼는 아이템을 앞뒤로 옮겨서 클럭 회로의 역할을 수행합니다. 호퍼 클럭에서 한 틱이 흐를 때마다 두 번째 호퍼로 펄스 신호를 전송하여 중앙에 있는 호퍼에 아이템을 천천히 채웁니다.

3

중앙에 있는 호퍼가 가득 차면 비교기가 중계기로 신호를 보내 회로를 잠급니다. 회로가 잠기면 플레이어에게 주어진 시간이 다 된 것입니다!

보상 지급기

방에서 퍼즐을 풀 때마다 보상을 수령하기 위해 필요한 레드스톤 횃불을 받게 됩니다. 발사기 아래에 있는 공간에 레드스톤 횃불을 설치하면 발사기가 활성화되면서 보상이 지급됩니다.

공중 마을

어후, 발밑을 내려다보지 마세요! 여기는 고소 공포증이 없는 사람들만 올 수 있어요! 잠깐만 발밑을 내려다 보세요. 지금 서 계신 공중 마을은 아찔할 정도로 높은 곳에 있어요. 하지만 매우 안전합니다. 걱정하지 마세요. 편리한 겉날개를 입고 있는 게 아니라면 여기서 점프하는 것은 말리고 싶네요. 난간 밖으로 떨어지면 당신을 지켜 줄 안전망이 없거든요.

요새
요새는 마을에서 가장 크고 웅장한 건물로, 돌출된 절벽 끝에 박혀 있어 마을의 나머지 부분을 방어하고 있습니다.

매달린 집
이 집은 마을에서 전망이 가장 좋습니다!

착지대
이곳이 우리 마을의 입구입니다. 하지만 이곳까지 오려면 겉날개와 속력을 높이기 위한 폭죽이 필요합니다. 착지 시 발생할 수 있는 사고를 예방하기 위해 물로 매트를 깔아 놓았습니다.

발명 들여다보기

> **01** 마을도 다른 마을과 별 다를 바 없습니다. 모든 것이 거꾸로 되어 있다는 점만 빼면요! 꼭대기인 층은 이곳에서 1층이고, 1층은 이곳에서 펜트하우스입니다. 이 마을의 주민들은 왕국에서 가장 좋은 전망을 보며 하루를 보냅니다.

매달린 탑

매달린 탑은 우리 마을의 상징적인 구조물입니다. 바닥으로 갈수록 점점 좁아지고, 각 층은 사다리로 연결되어 있습니다. 파수꾼은 다락문을 통해 망을 봅니다. 이 다락문은 침입자로부터 방어하기 위해 열 수 있습니다.

착지대

겉날개와 폭죽으로 날아다니면 매우 빠른 속도로 이동할 수 있습니다! 하지만 빠른 만큼 불시착하게 되면 크게 다칠 수 있습니다. 충격을 흡수하고 낙상을 예방하기 위해 착지대에 물로 매트를 만들었습니다.

공중목욕탕

공중목욕탕은 제가 유일하게 거꾸로 짓지 않은 건물입니다. 건물 안에는 층마다 방 2개가 있습니다. 각 방에는 열탕과 냉탕, 진흙 목욕탕, 사우나, 한증막 등 목욕탕에 필요한 시설이 있습니다.

산길

창고를 만들고 밑에 있는 광산에 접근하기 위해 산의 측면에 동굴을 파서 추가 공간을 마련했습니다. 만일의 사태에 대비하여 산을 통과하는 탈출로의 역할도 겸합니다!

블록 선택하기

저는 프리즈머린으로 만든 처마로 건축물에 특색을 입혔습니다. 층층이 쌓은 타일 지붕은 구조물에 깊이감을 더하고, 청록색을 내는 프리즈머린은 우리 마을이 마법처럼 자연과 하나 된듯한 느낌을 줍니다.

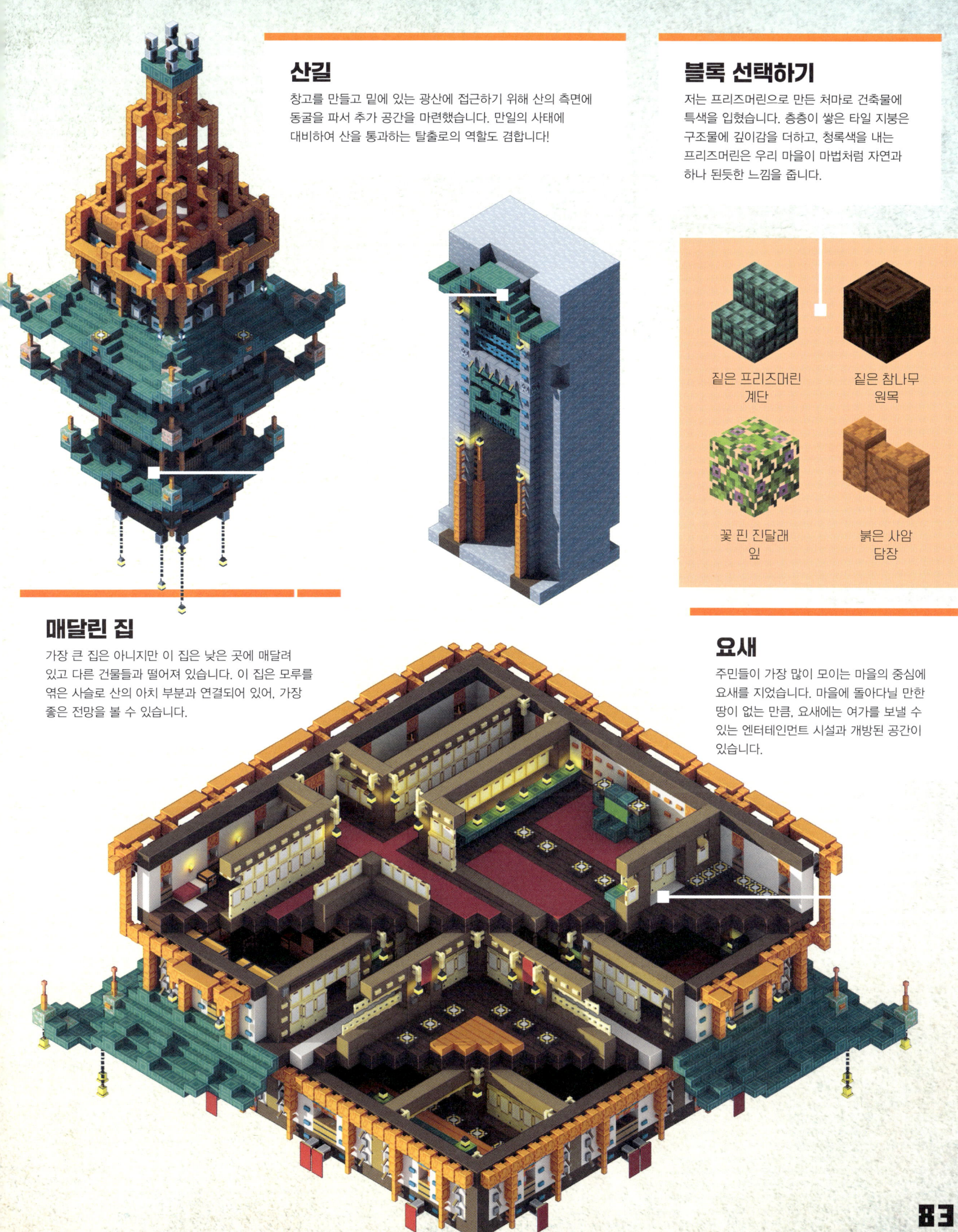

- 짙은 프리즈머린 계단
- 짙은 참나무 원목
- 꽃 핀 진달래 잎
- 붉은 사암 담장

매달린 집

가장 큰 집은 아니지만 이 집은 낮은 곳에 매달려 있고 다른 건물들과 떨어져 있습니다. 이 집은 모루를 엮은 사슬로 산의 아치 부분과 연결되어 있어, 가장 좋은 전망을 볼 수 있습니다.

요새

주민들이 가장 많이 모이는 마을의 중심에 요새를 지었습니다. 마을에 돌아다닐 만한 땅이 없는 만큼, 요새에는 여가를 보낼 수 있는 엔터테인먼트 시설과 개방된 공간이 있습니다.

발명 들여다보기

공중 마을에 들어와서 이동하는 일은 다소 어려울 수 있습니다. 건물 사이를 쉽게 오갈 수 있는 보도가 없기 때문입니다. 방문자가 마을에 접근할 수 있도록 저는 겉날개 발사기를 만들고, 방에서 방으로 이동할 수 있는 독특한 통로를 마련했습니다.

나선형 계단
평범해 보이지만 이 나선형 계단은 집에서 가장 안전하게 층을 오갈 수 있는 수단입니다. 올바른 방향으로 가기 위한 폭죽이 부족하거나 물레베이터를 놓친 경우에는 계단을 이용할 수 있습니다. 물론 시간은 더 걸리지만, 언젠가는 도착하겠죠!

다리 지지대
주민들이 자유롭게 이동할 수 있도록 우리 마을에 있는 매달린 집들은 모두 다리로 연결되어 있습니다. 다리 지지대는 건물 사이에서 교차로 역할을 수행하며, 다리를 여러 층에 걸쳐 만들 수 있게 해 주는 동시에 좁은 통로를 높은 곳에 지을 수 있도록 지지대 역할을 합니다.

물레베이터
물레베이터를 이용하면 층과 층 사이를 수직으로 이동할 수 있습니다. 영혼 모래로 만들어진 거품 기둥은 플레이어를 엘리베이터 위로 올려보내고, 마그마 블록으로 만들어진 거품 기둥은 플레이어를 밑으로 내려보냅니다. 물이 넘치지 않도록 다락문과 표지판을 사용했습니다.

우체국 열차
편지를 전달하기 위해 지상에서 산 정상까지 가는 철도를 운영하고 있습니다. 호퍼가 편지를 모아서 요새로 가져다줍니다.

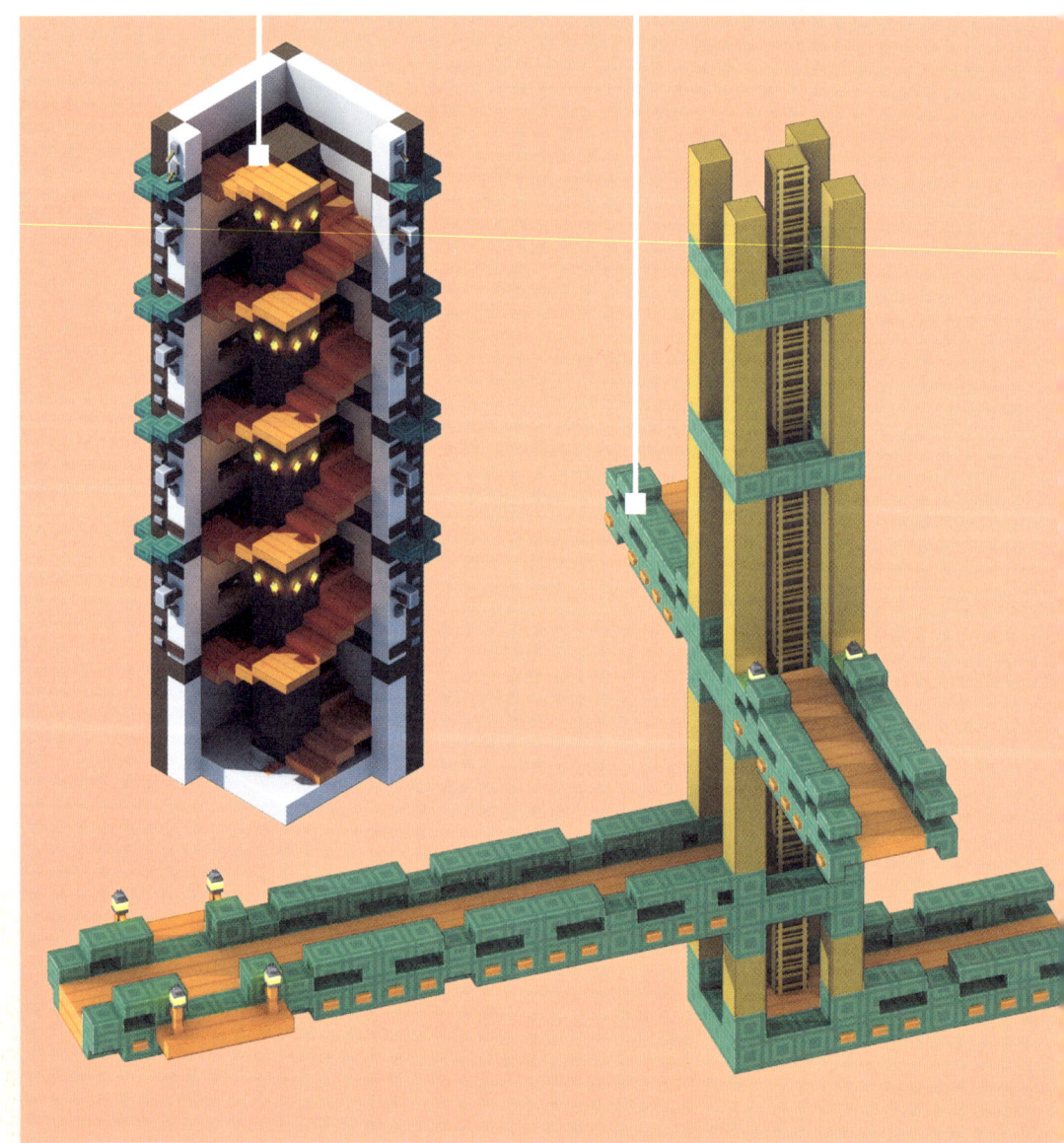

겉날개 및 폭죽 발사대

마을을 돌아다니는 가장 빠른 방법이자 마을에 진입할 수 있는 유일한 방법은 바로 겉날개와 폭죽을 이용하는 것입니다. 폭죽이 있어야 원하는 방향으로 날아갈 수 있습니다. 방에서 방으로 이동할 때에는 전문 비행사만 이 방법을 사용해야 합니다. 입구가 좁기 때문에 떨어질 경우, 큰 사고로 이어질 수 있습니다.

제작 과정

단계를 따라 자신만의 겉날개 발사대를 만들어 보세요. 이 장치는 플레이어를 지상에서 하늘로 발사시켜 줍니다.

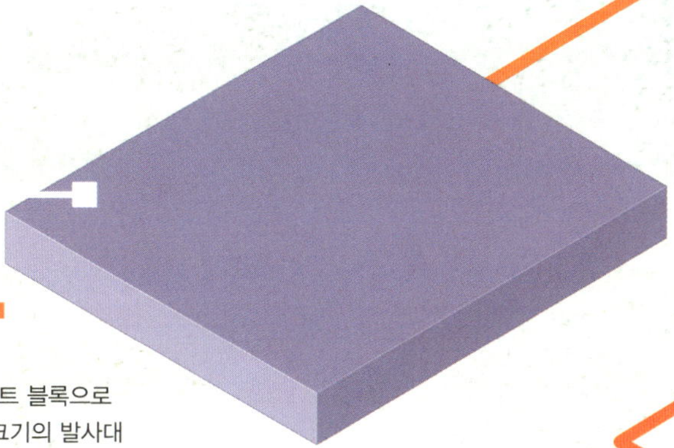

1
콘크리트 블록으로 8×6 크기의 발사대 기초를 만듭니다.

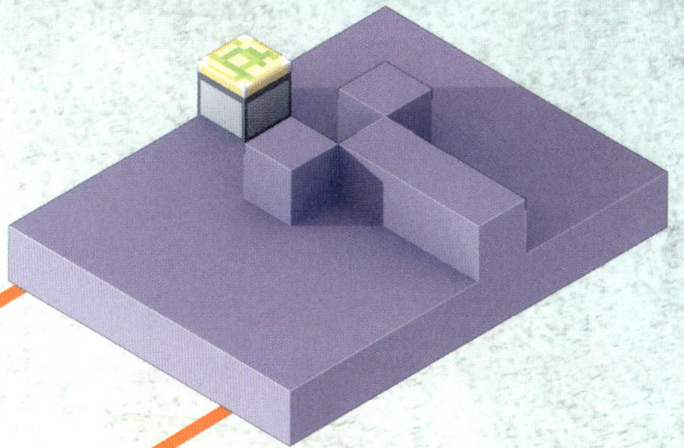

2
기초 위에 콘크리트 블록 5개를 Y자로 배치하고, 그 위에 끈끈이 피스톤 1개를 설치합니다.

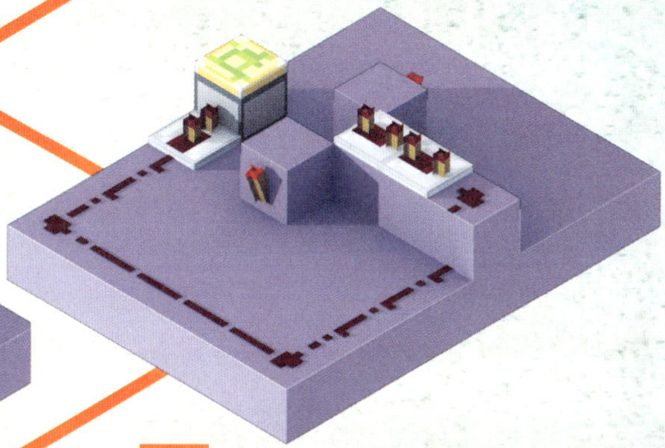

3
기초 양쪽에 레드스톤 횃불 2개를 바깥쪽을 향하도록 설치하고, 레드스톤 중계기 3개를 설치합니다. 중계기 1개는 끈끈이 피스톤 왼편에 설치하고, 나머지 중계기는 Y자로 놓은 콘크리트 위에 그림과 같이 설치합니다. 그런 다음 왼편 가장자리에 레드스톤 가루를 일렬로 설치하여 중계기를 서로 연결합니다.

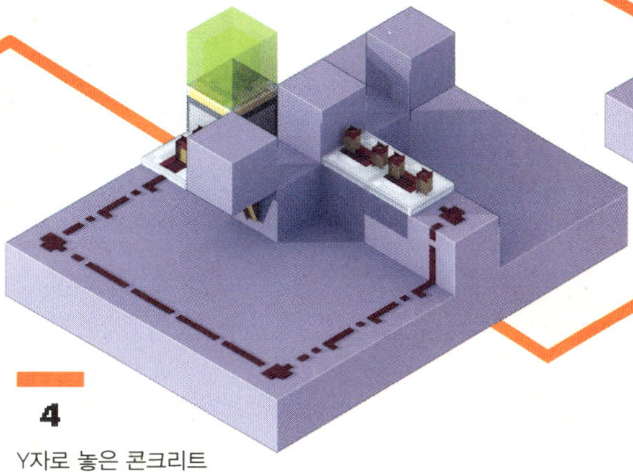

4
Y자로 놓은 콘크리트 위에 그림과 같이 콘크리트 블록 3개를 추가하고 끈끈이 피스톤에 슬라임 블록 1개를 설치합니다.

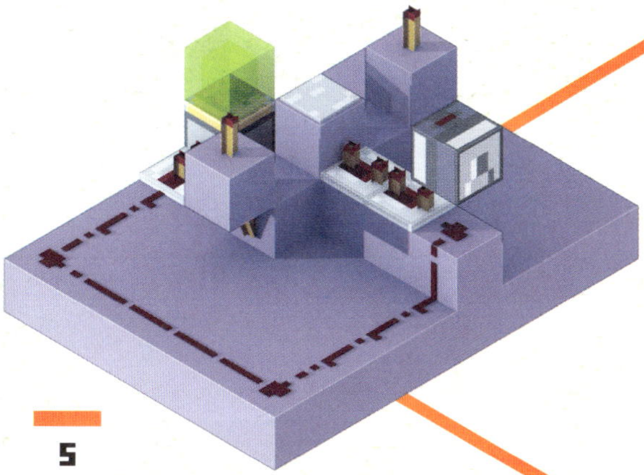

5
마지막으로 설치한 콘크리트 블록 위에 돌 압력판 1개와 레드스톤 횃불 2개를 추가로 설치하고, 그림과 같이 왼편에 아래를 향하도록 관측기를 설치합니다.

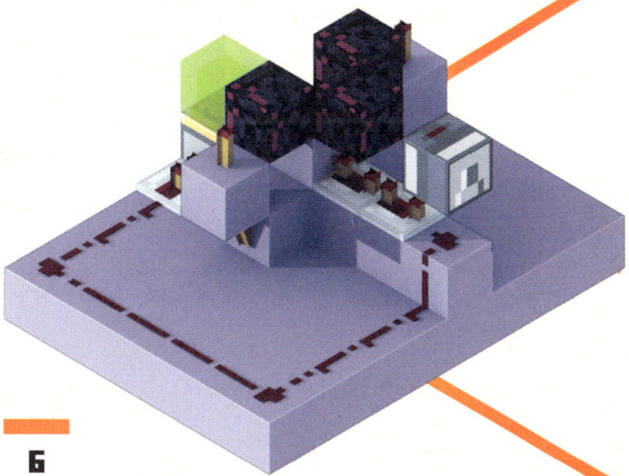

6
압력판 주위에 우는 흑요석 블록 3개를 V자로 설치합니다.

7
콘크리트 블록 3개를 추가로 설치합니다. 레드스톤 횃불 위에 블록 2개를 설치하고 관측기 위에 1개를 설치합니다.

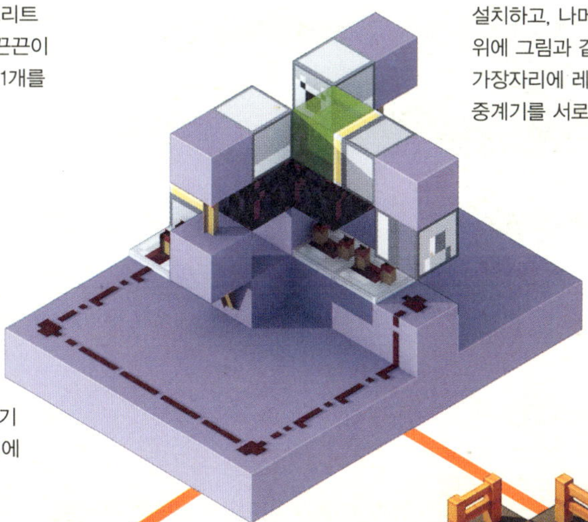

8
그림과 같이 끈끈이 피스톤과 슬라임 블록을 설치한 다음, 흑요석 블록 위에 발사기 2개를 설치하고 발사기에 겉날개와 폭죽을 각각 채웁니다.

9
마지막으로 발사대를 장식용 블록으로 꾸밉니다. 저는 껍질 벗긴 뒤틀린 자루와 아카시아 나무, 짙은 참나무 블록을 사용했습니다.

85

서바이벌 아레나

당신은 달리기가 빠르거나 힘이 센가요? 아니면 똑똑하거나 영리한가요? 제 경기장에 들어와 살아남으려면 모든 능력이 필요할 것입니다. 고대 로마의 콜로세움에서 영감을 받아서 지은 이 아레나에는 왕국에서 가장 나약한 플레이어를 속아 내고 가장 강력한 플레이어를 찾아내기 위해 제가 직접 발명한 게임들이 있어요. 용기가 있는 자는 도전하세요. 승리하면 엄청난 보상을 받을 수 있고, 패배하면 그 대가를 치르게 됩니다.

2라운드: 네더
지구 아레나에서 승리한 팀은 네더 아레나로 진출하여 몹 떼와 전투합니다.

글래디스 에이터
게임 전문가

보상
각 탑에는 유용한 아이템으로 가득 찬 상자가 있습니다.

4라운드: 탈출하기!
모든 라운드를 완수하면 이곳을 떠날 수 있는 차원문이 활성화됩니다.

1라운드: 지구
처음 싸우게 될 곳은 지구 아레나입니다. 두 팀이 근접 공격용 무기로 서로 맞붙은 전장이죠.

3라운드: 바다
네더 아레나에서 살아남은 참가자는 바다 구역으로 이동하여 파쿠르를 통해 탑을 오르고 상자에서 겉날개를 찾아야 합니다.

발명 들여다보기

탑을 오르면서 아레나에서 주어지는 도전 과제에 대해 설명드리겠습니다. 아레나는 4개 라운드로 구성되어 있으며, 게임을 거듭할수록 살아남기가 어려워집니다! 마지막 라운드에서는 보스 몹이 깜짝 등장하므로, 마지막까지 가는 플레이어가 많을수록 당신이 생존할 확률도 높아집니다.

1라운드: 지구

지구 아레나에서는 PVP 전투를 할 수 있습니다. 척박한 경기장에는 장애물과 함정이 잔뜩 있으니 발걸음을 조심하세요! 잘못 내디딘 발이 당신을 함정으로 인도할 수 있습니다.

2라운드: 네더

네더 아레나는 용암과 마그마 블록이 있는 위험한 구역으로 생각없이 움직이는 참가자는 생명력 막대가 순식간에 줄어들 수 있습니다. 바다 아레나에 도달하기 위해 몹과 싸우세요.

3라운드: 바다

바다 아레나는 커다란 파쿠르 코스로 구성되어 있습니다. 블록을 건너려면 정확한 타이밍에 점프를 해야 합니다. 파쿠르를 하다가 떨어지면 출발점으로 돌아가서 처음부터 다시 시작해야 합니다.

4라운드: 탈출하기!

바다 라운드까지 완수한 참가자들은 아레나 한가운데에 있는 차원문으로 와야 합니다. 이 차원문을 넘으면 보상을 받고 집으로 돌아갈 수 있습니다.

관람석

아레나는 관중에게 열려 있습니다. 참가자들이 게임을 진행해 나가는 모습을 수백 명의 플레이어가 볼 수 있습니다. 참가자들의 행동을 자세히 볼 수 있도록 관중에게는 망원경을 지급하고 있습니다.

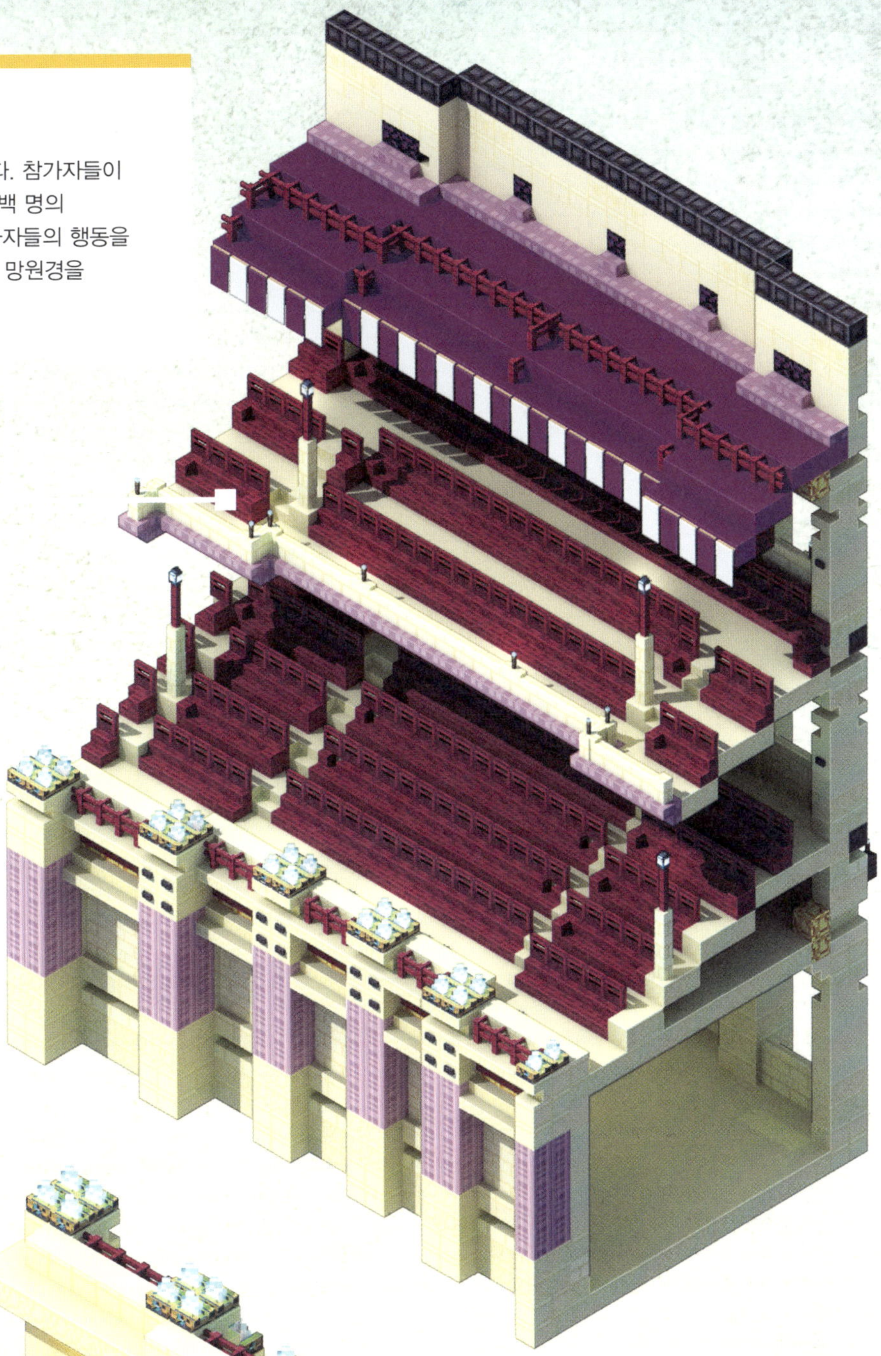

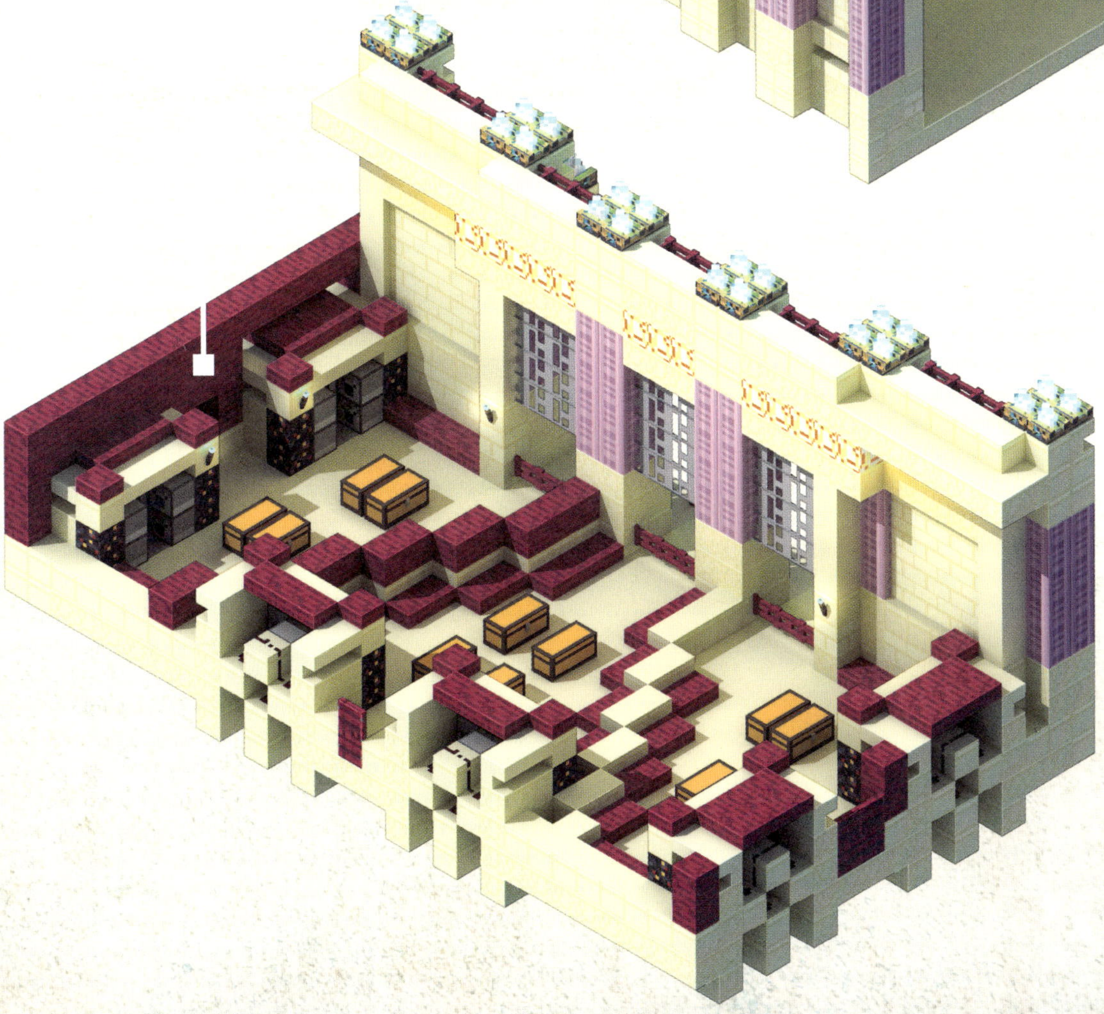

결투 탑

각 지역에는 플레이어가 올라갈 수 있는 흑요석 탑이 있습니다. 탑을 오르는 길이 노출되어 있어 공격에 취약하지만, 꼭대기에 있는 상자에는 생존에 도움이 되는 아이템이 들어 있습니다.

무장 준비실

게임 참가자는 아레나에 들어서기 전에 게임에 사용할 장비를 직접 고를 수 있습니다. 준비실에는 다양한 전사들을 위해 6종의 무기 세트가 준비되어 있습니다. 현명하게 선택하세요!

발명 들여다보기

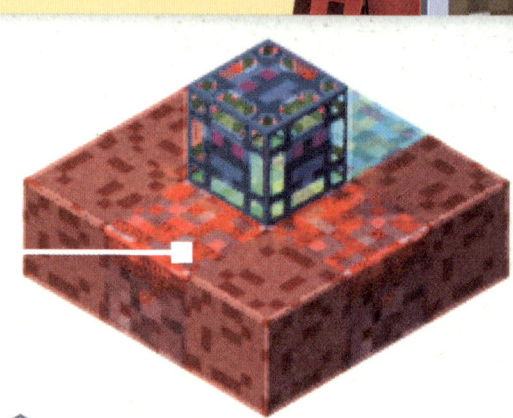

게임마다 고유한 함정과 장애물이 있습니다. 모든 플레이어의 기량을 시험하기 위해 저는 다양한 함정과 장애물을 설계했습니다. 한 발 앞서기 위해서는 빠르게 생각하고 더 빠르게 움직여야 합니다.

네더 생성기
네더 라운드에는 수십 개의 몹 생성기가 곳곳에 설치되어 있습니다. 몹 생성기에서는 블레이즈와 좀비, 스켈레톤이 지속적으로 생성되어 플레이어가 사라질 때까지 계속 공격합니다.

선인장과 함정
조심히 점프하세요! 선인장에 부딪히면 생명력 막대가 줄어들고, 발을 잘못 내딛으면 몹들로 가득한 구덩이에 빠질 수 있습니다.

자동 갑옷 지급기
전투를 마치고 리스폰되면 다음 공격을 위해 서둘러야 합니다. 그래서 저는 플레이어가 몇 초 만에 장비를 입을 수 있도록 자동 갑옷 지급기를 만들었습니다!

TNT 함정
단순하면서도 강력한 이 함정은 압력판 위에 오랫동안 서 있는 플레이어를 TNT 블록으로 빠르게 제거합니다.

싱크홀
바다에서 진행되는 게임에서는 거센 해류에 조심하세요. 마그마 블록은 플레이어를 심해로 끌어당기는 거품 기둥을 만듭니다. 플레이어가 마그마 블록에 다다르면 불에 붙습니다.

블록 선택하기
각 아레나는 지구와 네더, 바다, 엔드 각각에 어울리는 블록으로 지어졌습니다.

회백토

물 양동이

거친 흙

엔드 돌

모래 덫

첫 번째 라운드가 펼쳐지는 전장에는 압력판이 뿌려져 있습니다. 몇몇 압력판은 밟으면 주변에 있는 모래가 꺼지면서 몹으로 가득한 구덩이로 플레이어를 떨어뜨립니다. 구덩이 안에는 난폭한 피글린도 있습니다!

제작 과정

단계를 따라 자신만의 모래 함정을 만들어 보세요. 함정 하나를 완성한 다음에는 경쟁자가 무심코 빠지도록 아레나에 불규칙적으로 함정을 설치하세요. 참가자들이 발밑을 조심하도록 함정 안에는 다양한 몹을 넣으세요!

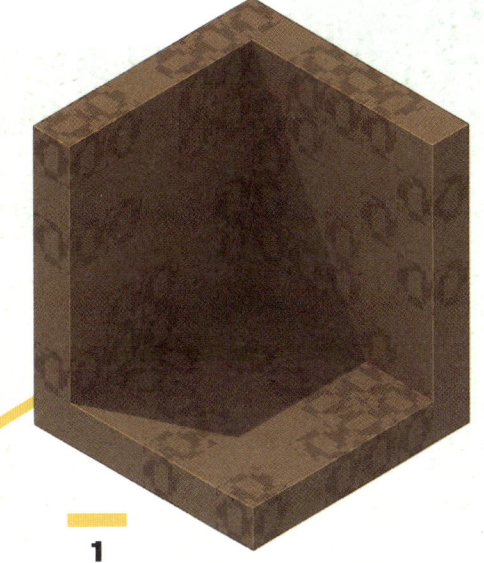

1
땅에 깊이가 6블록이고 넓이가 5×5인 구덩이를 팝니다.

2
구덩이 중앙에 몹 생성기를 설치하고 생성시키고 싶은 몹의 생성 알로 몹 생성기를 클릭합니다.

3
지상에 압력판을 설치할 고체 블록을 설치합니다. 그런 다음 방금 설치한 블록 밑에 바닥을 향하도록 피스톤을 설치하고 그 밑에 고체 블록을 하나 더 설치합니다.

4
구덩이를 덮을 블록을 설치할 자리 바로 밑에 표지판으로 층을 만듭니다. 표지판 위에 표지판을 설치하려면 웅크려야 합니다.

5
압력판 주위에 있는 표지판 위에 모래 블록을 두 겹으로 설치합니다.

6
감쪽같이 만들고 나면 참가자들이 압력판을 눈치채지 못하게 하기 위해 함정 주위를 꾸밉니다.

마치며

잘 해내셨습니다! 창작자의 왕국 여행을 모두 마치셨습니다. 솔직히 말하자면 저도 놀랐습니다! 저희 엔지니어들은 가끔씩 더 멋진 발명품을 만들고 분석하면서 뜬구름을 잡기도 합니다. 저는 구름을 넘어서 별을 잡기도 하고요. 그래서 보통은 다른 사람들이 무엇을 만들고 있는지 잘 모릅니다. 이번 여행을 여러분과 함께 할 수 있어서 정말 좋았습니다! 은하계에서 펼칠 다음 프로젝트에서 동료들의 아이디어를 쓸 생각을 하니 설레는군요! 글래디스 에이터의 멋진 자동 갑옷 지급기와 탑시 터비의 독창적인 물레베이터는 둘 다 매우 유용해서 우열을 가리지 못하겠습니다. 저는 벌써 오늘 밤에 할 일을 정했습니다. 동료들이 어떻게 일하는지 보았으니 레드스톤으로 무엇을 만들 수 있는지 확인하러 집에 갈 계획입니다.

여러분은 어땠나요? 탐구하고 싶은 아이디어가 있나요? 발명을 어디서부터 시작해야 할지 잘 모르겠을 때에는 이 책에 있는 건축 가이드를 따라해 보고, 발명품을 완성한 다음에는 개선할 방법을 찾아보세요.

아쉽지만 이제 작별을 고할 시간이 된 것 같습니다. 해가 지고 우리의 관심이 소홀해진 틈을 타 사악한 박사가 또 다른 계획을 세우기 전에 저는 왕국으로 되돌아가야겠습니다. 그러니 여러분도 어서 발명하러 가세요. 저희도 언젠가 여러분의 놀라운 발명품을 보러 여러분의 왕국에 찾아갈게요!